SDNCS

荷兰新加尔文主义丛书
Studies in Dutch Neo-Calvinism Series
陈佐人　曾劭恺　徐西面　◎主编
蒋亨利　李鹏翔　朱隽皞　◎编委

政治、宗教和领域主权

The Kuyper Center Review Volume One:
Politics, Religion, and Sphere Sovereignty

英编 戈登·格兰姆（Gordon Graham）

英译 路得，曼黎

编审 徐西面

贤理·璀雅
LATREIA PRESS

© Latreia Press, 2020

英编 / 戈登·格兰姆（Gordon Graham）

英译 / 路得，曼黎

编审 / 徐西面

中文校对 / 甘雨，摩西，若凡

中文书名 / 政治、宗教和领域主权

英文书名 / The Kuyper Center Review Volume One: Politics, Religion, and Sphere Sovereignty

所属丛书 / 荷兰新加尔文主义丛书

丛书主编 / 陈佐人，曾劭恺，徐西面

丛书编委 / 蒋亨利，李鹏翔，朱隽皞

策划 / 李咏祈，徐西面

装帧设计 / 冬青

出版 / 贤理·璀雅出版社

地址 / 英国苏格兰爱丁堡

网址 / https://latreiapress.org

电邮 / contact@latreiapress.org

中文初版 / 2020年10月

ISBN：978-1-913282-15-8

目　录

英编者序

这一卷论文集是普林斯顿神学院亚伯拉罕·凯波尔公共神学中心（Abraham Kuyper Center for Public Theology）所提的倡议之一。这些倡议旨在激发改革宗神学和公共生活领域中的新著作。此中心因敬仰并效仿亚伯拉罕·凯波尔的著作成果而建立。凯波尔作为牧者、神学家、新闻工作者和政治家的一生呈现出一个卓越的榜样，就是充分相信基督教世界观的真理能同时借理论和实践予以表达。自亚伯拉罕·凯波尔公共神学中心建立以来，其经验显明，新一代的思想家不仅对凯波尔，也对凯波尔式主题有广泛浓厚的兴趣。《凯波尔中心综述》（Kuyper Center Review）意在提供一个论坛，让新一代思想家和有声望的专家的研究成果能同时呈现。

我们希望本卷论文集是序曲，在之后的许多年里，每年都可以有一卷论文集出版。在很大程度上，论文集的内容源自在 2008 年普林斯顿凯波尔会议（Kuyper Conference）上发表的一小部分文章的修订版。这次会议的主题是《领域主权和公民社会》（Sphere Sovereignty and Civil Society）。其结果就是，论文集中的文章大致上都有"政治的"特性；其中一些文章处理当代的问题，而另一些文章则更具历史性。此论文集中一个特别的兴趣点（并非源自凯波尔会议），就是对凯波尔于 1907 年所写的＜伊斯兰之谜＞（The Enigma of Islam）一文概括性的翻译。这篇文章从未以英文形式出版。

在未来的论文集中，我们也希望发表由每年四月凯波尔会议所激发的著作。然而，《凯波尔中心综述》不会受限于凯波尔会议的主题。我们的编辑方针是欢迎在任何时刻，就凯波尔公共神学中心范围内的任何主题提交论文。除了受邀发表的特殊讲座，例如凯波尔奖讲座（Kuyper Prize Lecture），所有提交的论文都要经过同行评审，以此确保我们出版的作品不仅是最新的，也符合最高标准。

戈登·格兰姆（Gordon Graham）

亨利·鲁斯三世教席哲学与艺术教授

普林斯顿神学院

第一章

对多元主义的反思

奥利弗·奥多诺万（Oliver O'Donovan）

一

为了探讨多元主义，让我们从词缀——后缀"主义"（-ism）——开始。在讨论重要思想时，不应该冗长乏味，因为过于自发性的语言将会无法详细指导我们所思考的内容。但有趣的是，我们所创造的带有这个后缀的绰号几乎总是表现出一种哲学特质，如"怀疑主义"或"解构主义"。四十年前，如果我们提到一个"多元主义的"（pluralist）社会，我们马上会被长辈严厉批评。这是一个粗俗的错误；正确的术语是"多元的"（plural）。但是我们在直觉上认为，多元化是一种看待社会关系的方式，是一种对这些关系的看法。英国事实上并不是一个多元或多元主义的社会。这个命题基于许多事实，其中一些事实令人吃惊；但命题本身并不能断言事实，而是解释事实。命题如何解释事实呢？首先，显而易见的是，它聚焦于社会的差异而非一致。但有趣的是，命题如何构想这种差异，即多元化呢？将社会差异理解为多元化意味着什么呢？

多元主义将差异构思为一种危险。提出多元主义就是用焦虑来构建社会反思，然而并非每一个差异都会或都能让我们感到焦虑。语言差异本身并不令人担忧，如在瑞士；阶级差异亦然，如18世纪的英格兰；甚至种族差异也是如此，正如当代北美所呈现的情形。并非每一个差异，或者甚至是差异的集合，都会引发"多元主义"的建构。多元主义只注意一些本质上令人担忧的事物，这是实践原则的差异。当社会中各个团体的文化采取相反的假设，并在彼此关系中追求不同的路线时，或者当存在不相容的公共行为模式和期望时，我们会感到焦虑。

但这仍然没有涉及焦虑的本质。19世纪的人们知道高度分化的社会，以及与之相关的危险。即使今日，西方世界也无从开始探讨19世纪印度盛行的文化和宗教多元化，以及随之而来的社会脆弱性。但是，如果您问我们殖民时期的先辈们有什么危险，他们可能会谈论穆斯林的狂热、印度教的迷信、锡克教徒的迫害情结、甚至基督徒的傲慢和不可理喻，因为一个人可能会害怕所有此类对既定社会的威胁；还有上千个这样的人并未担心我们因多元主义而担忧的事情，这是社会本身构造所带来的危险。将"多元主义"提升为讨论主题时，鉴于社会互动的本质，我们提出实际差异作为基础问题。

然而，多元主义期望有一个或一组提案来应对这种危险。这些提案的相似之处是对管理行为假定了实践原则的不同顺序。如果我们每个人或每个社区都以一种特殊的方式来思考我们的活动，以致我们的邻居们缺乏对我们所有实际的了解，那么可以说就有必要采用一种不同的思想来管理我们的互动。因此，提出了一级（first-order）原则和二级（second-order）原则之间的区别。后者是一种实践思维体系，与所有基本的行动原则脱离；用一个已被普遍使用的术语来说，这就是一种"公共理性"（public reason）。

这幅图景却有一个奇怪的特征：焦虑的对象和应对焦虑的提议实则相同一致，即社会的"理想类型"（ideal type）。它是裂变的、分割的，由不属于其组成部分的原则结合在一起。我认为它的含义是，多元主义不仅是期待实际建议的真实焦虑；它更是社会的形而上学，既是一种阅读世界的方式，也是一种应对世界的方式。这好比新的文化人口统计学的出现是形而上学被披露的时刻：我们所忽略的基本现实突然变得清晰起来，我们对社会基于共同事物的简单想法感到失望。它认为除了对实践的修改以应对确定的风险、可能性、希望和恐惧，还需做其他事情。它考虑到了分配的转变，使我们能够优雅地接受本体的现状。

在过去 25 年中，关于"公共理性"的社会制度的提议已被广泛讨论，产生了相当复杂强大的哲学著作。我对此所作的任何评论必然过于笼统，并且可能过于生疏。但是，如果我们要厘清引发此现象的最初焦虑的问题，即我所说的"作为多元化的差异"，则有必要总体回顾提案中固有的问题。有关公共理性的问题可归纳为两个：在什么意义上公共理性是公共的？在什么意义上公共理性是理性？

公共的概念与私人的概念相互对立。没有私人就没有公共，没有公共就没有私人。但是，"私人的"被负面地定义为"私人化"（privation），这与该词原本的含义相左。也就是说，私人化的方式是围堵、排斥和拒绝进入，也包括禁止普遍获取私人想法、家庭隐私、私有财产、私有协会等。相比之下，公共是对否定的否定。这种定义来自障碍的消除、开放和扩大沟通。公共是我们冒险离开我们不同的隐私，并发现我们普遍共有的层面。当然，公共和私人并非绝对对立。它们是相对范围的两极。学校可以接纳附近所有居住的儿童为学生，因此称为"公立学校"。与此同时，学校也将所有既不是学生、也不是工作人员的所有公共成员都排除在此前提之外。

更加私人层面和更加公共层面之间的这种过渡使社交生活成为可能。它使社会成为有机的而非机械的，是现存社会身份的活的互动。没有更隐蔽的私人层面，我们就不可能将道德身份带入公共领域。没有更开放的公共层面，我们就无法利用我们的道德身份，也就无法在行动和反应中出现更广泛的共性。

然而，当根据此梗概查看哲学家的"公共理性"时，我们发现了古怪的事。这种"公共"似乎是由私人化构成的，就像另一种私人领域。它拒绝承认其背后在私人层面形成的道德认同。如此看来，公共理性的公共性不如我们想象中坐落于门前的城镇广场，更像是围墙和带刺铁丝网的驻军，充满了警告，禁止未经授权的人员入内。这种公共被认为是另一种隐私。尽管真正隐私的整体要点是建立和保护身份，但是据称并不存在这些禁止性公共限制欲要保护的其他身份。

当然，对私人和公共之间的普遍相互作用而言至关重要的是，要有从一方过渡到另一方的纪律。我们不会穿着拖鞋走进公共广场，也不会在卧室穿大衣。公共行为纪律确保了道德认同的可能性。如果我们要彼此注意、彼此倾听、彼此讨论，那么我们就不能在公共场合直接以我们私下使用的方式彼此相待。我们的实践原则通过我们的各种角色得以体现。采访中的记者会问邻居永远不会问的问题；拷问年轻罪犯罪行的警官对他所了解的不会有情感的流露，而父母可能会表现出情感；诸如此类。大多数成年人扮演着公共和私人的许多角色，他们随时采取的行为方式因角色而异。但是在对不同角色如何需要对相同实践原则予以不同解释的二级（second-order）阐述中，这些变化对自己和他人在道德上都是可解释的。

当良知（conscience）的公共和家庭的责任与义务在具体处境中汇聚时，必须要有一个解决方案，以满足每个人的基本要求。这意味着管理公共行为的准则必须与管理私人行为的准则保持一致，从而使我们的道德身份涵盖所有范围，以便我们在不同行动领域之间行动，而不会使自己在这过程中埋灭。我们可以这样处理争议中的问题。人类社会要求其成员维持贝恩德·范能魏敕（Bernd Wannenwetsch）所恰当定义的"同系身份"（homologous identity），将任何人在公开场合的表现与同一个人在私人场合的表现联系起来。这意味着公共纪律也必须来自于塑造在实践领域中行动之身份的相同道德传统。

当这些纪律与那些传统分离并被绝对化时，它们就不再承担纪律的特征，即所获智慧的层面，而是任意禁忌的特征，福柯（Michel Foucault）称之为"削减"（prélèvements）。今天在法国，所谓的"削减"就是我们所说的"直接借记"：在我们有时间决定是否付款之前，钱就离开了帐户。也就是说，绝对公共理性的施加必须绕过那些参与其中之人的道德推理（moral reasoning）。这是以意识形态的中立性的名义予以捍卫，避免了任何"霸权"传统的影响；这些传统可能以对某些人而言比其他人更为原生的方式来解释人际关系。但这意味着缺乏能促发我们行动的理由。因此，它呈现为"二级"的原因实际上根本不是原因，因为它们并非源自一级原因，或与一级原因相关。它们只是种"削减"。

基督徒的理性会抗诉道，这种赤裸裸、精简的公共理性的概念首先缺乏仁爱（charity）。仁爱是一项霸权原则；也就是说，它不仅产生私人行为形式，而且产生公共行为形式，形成可以在私人和公共之间移动的同系身份。如果要从社会驱逐霸权传统，那么就必须驱逐从基督教福音原则中产生的仁爱。而且，如果要排除所有霸权主义传统，在万不得已的情况下，为什么基于分配比例，让起源于亚里士多德的人文主义传统成为例外？除非我们直接言明对非霸权主义原则的偏见，否则即使是该原则也必须退出公共领域，使所有人的彼此战争成为唯一真正简约、纯净和无前设（presuppositionless）的公共秩序。

这就引出了第二个问题：公共理性在多大程度上是合理的（reasonable）？我们所说的"实践原则"仅与理性的思路有关。实践原则是理性的气禀（rational dispositions）。与所有理性气禀一样，它们是根植于文化的；也就是说，它们不是孤立的个体属性，而是整个群体及其传统的属性。它们不仅是推理的不同部分，而且是产生一个理性宇宙的群体信念。引起我们多元主义焦虑的是对这种群体推理传统彼此冲突的预期。如果那些摧毁了世贸中心的人没有按照他们的教导去做，那么 2001 年 9 月 11 日对西方世界的威胁将连一半的威力都达不到。我们的警惕不是关注犯罪者相信自己所做之事，而是他们可能有理由相信自己的所作所为，而这些理由深深地融入了养育他们的思想和行为传统。多元主义将"社会"（Gesellschaft）的理由与"群体"（Gemeinschaft）的理由彼此尖锐对立。在描述它的理性时，多元主义是"基础主义的"，构想了基于假定公理的信念体系，并通过基于这些公理的推论得出了结论。相对于以如此令人震惊的方式构思的群体理性，它提出了一种社会理性，也以这种实证主义的方式构思，并独立于群体公理。

我们作为宗教信徒的经验应该告诉我们，对理性的信仰的解释是何等错谬。宗教信仰不会演绎出道德行为，就像三段论中得出结论的前提一样。它也不只是在自己的空间中打转，拒绝从它所生活的世界出发来向自己提问。我们就宗教信仰可以讨论的，也可以是关于更广泛的、非宗教的道德探究和信念。在这里，道德思想也渴望内部一致性和普世性。道德上的分歧不会只因个人和群体属于不同的文化而引起。道德与习俗之间的区别恰恰在于，道德确实具有普世愿望；它指向人类在世界上的位置，对事物的本性和创造主的意愿做出反应。

诚然，缺少思考之人无法区分风俗习惯（例如早餐时吃熏肉）与道德义务（例如保护孩子免受危险）。但这是道德意识（moral consciousness）最初的发声，就像文明本身一样古老；它警告我们避免这种无思考的行为。反思性的文化在当地传统或习俗之外找到了人类行为的最终合理性，无论这些传统或习俗是多么神圣。道德思想认为行动具有代表性。当我们认真地行动时，我们就是如人一样行动，就像亚当那样为人类而决定。我们在他人行动中认识自己，并从他人行动中了解自己。我进行的任何行动中的善的层面在私人意义上从不是我的，而是属于所有人的善的一个方面，属于传统上所说的人类的善，因为这是人类行动的目标。我们可以很好地扩展该术语，将其称为"世界的善"。

就广泛地理解而言，理性的交流导向"说服"；也就是说，它关乎交流行动的原因，信仰的原因等。它是我们每个人被其他人的观点所吸引的方法，使我们能通过他们的眼睛看到世界。具有道德能力的一个方面是，通过这种传统性的过程，我们已经被某些事物说服了。然而，尽管我们的论点是在传统中培育出来的，这却并不局限于它群体的围墙。在缺乏对论证进展强制性的限制时，并置的传统群体可以相互学习，相互滋养、转化。阿拉斯泰尔·麦金太尔（Alasdair MacIntyre）比大多数轻描淡写地谈论多元传统的人更了解这一事实。

令当代对推理的描述变得不合理的原因是未能理解或许可学习的空间。智慧永远是寻找的对象。而且，由于信念必须参与自我完善的探索，又由于信念必须应对可替代项所带来的挑战，所以分歧可能会消失，也可能会出现。我们社会的不稳定和折衷的特性并没有使道德共识的可能性降低。由于真理中的共识是人类被造的目的，因此只要有可能，人们就会寻求共识；我们会遇到新的、有趣的思想结合。为了使我们可以自由探索，我们只需从决定论式的社会理论中解放出来。这些社会理论认为它们可以提前告诉我们哪些共识是可能的，哪些是不可能的。

因此，绝对公共理性的概念与任何公开的实践探究内容都不相容，尤其是与基督教的探究内容不相容。基督徒有时可能会被诱导去假设这种方法可能对他们的信仰认信和教义特征有裨益。事实却并非如此，因为基督徒的认信和基督教教义只有在将自己理解为"信仰寻求理解"时才能正确地理解自己。安瑟伦这一著名短语完美地抓住了理性的真实姿态。信仰本身就是寻求神旨意的根源和结果，并且只有在这种寻求的背景下才能持守。一个轻率的假设就是，对探索持开放态度是对自身信念犹豫不决，反之亦然；但这实际上是怀疑主义。言明"寻找就必寻见"的那位也说过"凡有的，还要加给他"。

二

以上都是为了处理危险的"公共理性"的提议而做的反思；无论这些反思过于笼统，还是过于熟稔。现在，我们都要回到对被称为"作为多元的差异"之危险的分析上。

社会建立在多元性上。只有多个人才可以理解并彼此联系而成为"伙伴"（associates）。伊甸园中的亚当不是，也不可能是一个社会，因为没有找到他的伙伴。但是何种实体可以是复数，因而可以进入社会呢？如果实体可以彼此编号，则它们可以是复数。如果实体的存有方式是作为一种个体成员，则实体可以彼此并排编号。如果我们愿意，我们可以在海边数岩石，但我们的数数是任意的。海浪撞击悬崖，将其击碎成许多块颗粒碎石，很容易就将它分解成一块石头、碎石或一万亿个石屑。当我们通过挑选一两个或三个更合适的尺寸来教我们的孩子数数时，这并不是在计数岩石。岩石不是由单元构成。但是，人类像其他动物一样，是由单位组成的。他们在本质上是特殊的，是同类成员，因此能够进入社会。

我们在圣经中读到的第一个联结是亚当和他的妻子，即"我骨中的骨，我肉中的肉"。但不仅个人可以是复数，人类群体也可以如此。在霍布斯和洛克的个人主义契约理论出现之前，一种较旧的政治宪法理论认为，政治社会是由家庭和部落组成的联合。这些人类同居的单位可以共享一个社会。如此行之时，那个社会不属于他们其中某一个人，而属于他们当中每个人。此社会在他们中间无差异地共有。

如今，我们一直在讨论的理论声称可以在那些可以是复数、可以彼此编号并关联的事物中识别一种新的实体。根据约翰·罗尔斯（John Rawls）著名的短语，这是一种"综合性的学说"（comprehensive doctrine）。尽管可能是罗尔斯发明了该短语，但他并未提出这个观念。海德格尔（Martin Heidegger）在 1938 年就已经论述人类的认知（knowing）在现代性中由世界图像（Weltbild）构成。这种认识模式必须成为世界图像之间的对抗或斗争。海德格尔并没有将这个多元性视为多个等式。他认为世界图像在本质上是一个，由作为"表征"

（representation）的科学知识的模型构成；但他还认为，这一个世界图像，即表征性的世界图像，只能凭辩论的方式建立自己，因而必然衍生他物，例如中世纪基督教的世界图像和古典世界图像，即便这些世界图像在它们的年代从未存在。多元的世界图像对单个主导性的世界图像是必需的。

现在，对抗和斗争当然也是联系的方式。除非竞争一些共同事物，否则没有两个事物可以竞争。不管如何，它们必须有共同的胜利观或失败观。即使它们努力互相摧毁，它们对如何进行这种破坏也抱有共同的期望。因此，一场世界观之间的竞争假设了对它们而言无差异共有的术语；这些术语不属于其中一个，而是每一个。此种联系是不平等且不稳定的，但它是一种联系。在我看来，这就是从海德格尔发展至罗尔斯的逻辑。竞争性的世界图像的不稳定性要求有一个多元综合性的学说的稳定联系，这好比形成海德格尔处境的好战的民族社会主义社会需要形成罗尔斯处境的官僚司法权利的社会。

我将这些假设的知识实体不恭地称为"主义"，作为我们起始论点的提醒。"多元主义"以及作为与主义有关的教义，也是主义中的一种。它是一种反身的学说中的学说，将对自身及其自身状态的看法混入了对其他学说状态的描述中。这些知识实体视自己为相同种类的成员，或彼此相联；这暗示了它们的本体论结论。但是，这些作为主义的实体真的存在吗？我们是否像多种动物一样，面对被造宇宙的基本新题，或像多种语言一样，面对一个回应巴别塔的护理的成果？或者我们只面对想象力？我们是否只是在处理一种智性的谬论，一种可怜的谬误？这种谬误将人类的学说和信仰视为具体而非抽象的事物。

海德格尔至少在多元主义的现代性上是正确的。作为所有社会的普世描述，多元主义很容易被反驳。如今存在或从古至今一直存在学说上同质的社会。事实上，这种形式的多元主义将是自我证伪的，因为它对主义的竞争式多元性的主张所能产生的唯一论证，就是将现代社会与旧有的同质社会进行对比。于是，多元主义能够且确实只能回答人类总体社会经验的有限部分。它是更广泛的哲学事业的一部分；此哲学事业试图解释我们今天所知道的人类存在与过去人类存在的不同之处。然而即便如此，我们明白多元主义不能只是假设了主义的多元性。它必须解释多元性如何从同质性（homogeneity）中产生。那些进入竞争性联系的众多主义如何从"前一个主义"（pre-ism）、同质的统一学说中产生？在宽泛地被描述为前现代的时代中，这个学说曾经构成了一个社会。

　　或许海德格尔比大多数提出主义的多元性的人，更清楚地认识到必须回答以下问题，即多元主义不能被断言为好像记者或统计学家所观察到的事实。但他对此的回答却是令人震惊地直白，就是对历史法令（fiat）的纯粹主张是一种哲学上的强硬战术。作为现代人，我们的命运就是通过表征欲求作为科学的认识（knowing）。这种形式的认识已赋予我们了，我们无法抗拒它的原因是我们不能不成为我们所认识的对象。海德格尔严厉地评论道，我们不能"在仅仅否定时代的过程中徘徊。除了与历史瞬间相关的自欺和盲目，遁入传统本身并不会带来任何其他结果。"[1] 我认为认真的民主人士必会抵制这种回答是有原因的；我也认为认真的基督徒必然这样做也是有原因的。最后，让我说一下这两个可能的原因。

　　一个明显的事实是，许多多元主义的维护者都认为自己这样做是在捍卫民主政体。民主政体取决于强烈的社会平等概念，这一概念远超仅同意成年公民进入投票站的概念。但平等不是一个可以独立于本体而被应用的概念。每个关于平等的具体决定的潜在问题，是什么实体在这种情况下对平等待遇提出了明确的要求。（这就是为什么一个认为自己独立于本体论的民主注定要成为有史以来最混乱的时代。因为它引发自身的问题，寻求建立平等，却无法言明在哪两种实体之间建立。然而，我们谈论"民主主义者"的想法，而不让他们胡乱地与本体论脱离。）政府机关在社会中维护平等，而政府的基本机构就是法院。在成为其他任何事物之前，民主必须是关于在法庭上遵守平等的学说。法院有自己的本体论。要成为法院平等待遇的主体，你必须是"法人"；也就是说，你能成为案件的当事人，区分于其他法人。

---

[1] 中注：Martin Heidegger, *The Question Concerning Technology and Other Essays*, trans. William Lovitt (New York: Garland, 1977), 136.

法院在法人中是公正的。

然而，法院在法律理由（legal reasons）上并不公正。法院必须解决每个争议，同时平等对待所有法人。它做到这一点的方式恰恰是：通过决定一组论证本质上是优越的，并且因此必须占上风，从而恰当地以不平等的方式对待他们的论点。法律理由在竞争中，即在一个不稳定的联系中，进入法院；法院的任务是通过实施其不平等而终止这种联系。法律理由进入法院是为了相互消灭。因此，判决的实施假定法人所要求的平等尊重也不能延伸到法律理由。

那么，各种主义在民主的平等制度前如何立得稳呢？当各种主义在共同生活中相碰时，它们不必相互消灭——的确，普遍不会如此。如果它们进入法庭，它们可以通过以下两种不同方式中的任意一种进行。它们可能是出于法律理由。在这种情况下，它们与其他法律理由没有任何不同的情况，或者它们似乎是法庭中一方的某些群体的实际传统。当法院出现以各种主义为法律理由时，法院就任何情况而言，都必须在法律连贯性、优越的法律理由方面处理这些主义是否成立。但是，当一个由其学说和实践界定的群体出现在法庭上时，该群体将与任何其他法人具有同等地位。坎特伯雷大主教近期对伊斯兰教法的部分内容被引入英国法律提出了备受争议的论点，这并不是学说平等的论据。这是支持群体法律地位的论据；这些群体在实践中根据自己的学说解决了它们一些问题。无论在此种或彼种情况下，学说都不能赋以法人的地位，因此政府机构对它们采取一视同仁的立场。法院不能给予它们这种地位的事实，解释了为什么多元主义在法庭上，就平等对待所有信仰而给出的未履行的承诺最令人失望。

在问为什么基督徒会难以接受多元主义时，我们必须尊重源于命名此奖项和讲座[2]的亚伯拉罕·凯波尔的基督教多元主义的伟大传统，即便在此点与它有分歧亦然。通过认真对待原罪的认知维度，凯波尔理论邀请我们期待在"世界观"层面上有深层的社会分裂；这"世界观"可能必须以政治的方式来妥善应对。当然，我们不应该忽视这一建议，

---

[2] 中注：这里的奖项和讲座就是指作者奥多诺万被授予的凯波尔奖和所发表的凯波尔奖讲座。

但是有两个重要的问题。

我们承认，原罪带来的破裂是基督徒对世界道德状况的描述，而不只是个人道德状况的描述。我们如何为这种破裂将在社会中以规范的方式披上意识形态形式的假设来辩护？一个基督徒无法用海德格尔回答此问题时所用的哲学直白来予以回答：我们是现代人，所以我们不禁会希望应该如此！不可否认，亚当的分别善恶树的果子所产生的冲突和苦涩，在现代社会中已披上了意识形态的形式。

但为什么这个事实不只是偶然事件呢？正如亚里士多德所说，"罪是多方面的"。并且，将某种人类罪恶的模式以某种方式确定为规范性的，这对愿意这样做的诱惑是吊诡的，至少是开放的。基督教多元主义者是否在伊甸园中扮演蛇的角色，提供意识形态不和谐的分别善恶树的果子，以便让罪恶达至现代标准呢？

第二个问题让我回到了我一直徘徊不定的观点。为什么学说的差异可以用多元性的词汇来解释？在神学上，我们可能会这样问：带来复合性的上帝的话语（the reconciling Word of God）如何在意识形态范围内被认为是有效的？我们被告知，上帝的话语快速运行。圣灵传递的信息、拯救的应许、盼望的提议在"基督教世界观"中形成之前，都以教义形成前的方式与我们相遇。难道这必然不具备复和意识形态的差异，和抹除标志多元世界观分离之边界线的效果吗？我们没有必要从"全球性的普世教会合一"的一些大格局来考虑这一点。这里的要点更为温和：在圣灵活泼运行的世界里，我们会期待看到祂在复和与和好的时刻的做工。虽然差异被复和的两个人仍是两个人，差异被复和的两个群体仍然是两个群体，但这并不是说差异得以复和的两个学说仍是两个学说。这是因为在人或群体为复数的意义上，学说从不是复数的。

作为我们文化典型特征的不同信仰和实践的复杂混合，不能令人满意地被认为是多元的竞争性的主义。那么，我们该如何构思呢？

让我们看个案例，不管承不承认，它为我们的大部分讨论构建了一个视角范围：意识形态的恐怖主义。它通过多元主义理论戏剧性地阐明了焦虑的主线，提醒我们在实践原则中的分歧永远不会安全，而总是危险的。但这也说明了所有实践原则的一个特征，即它们将我们的信念与一系列实践推理联系起来。伊斯兰恐怖主义分子共同持守安拉是伟大的这一信念，并相信无辜的生命在追求合理的宗教目的中可以被故意摧毁。对我而言，我不禁更赞同前一个信念。但对另一个人来说，这两个信念是相互牵连的。这意味着这个人的实践原则是推论性的；它们具有从一点推理到另一点的连接链的形式。为了分析，我们可以逐项列出他的不同信念。但在其生命的结构中，他的思想从一个信念移动到了另一个信念，以建立一种联系。

在信念之间的这种运转中保留了一种逻辑。这两种信念都是以行动为指导，他的生活行为寻求一种平等表达这两个信念的实践性的均衡。他们之间也要保留一个次序。宗教信念掌控道德信念；后者回应前者，接受前者的质问。他的道德信念中隐含着一种普世主张。在主张进行恐怖主义行动的权利和义务时，他为全世界并代表全世界持守某些真实的事物。因此，他信念的验证是他经常参与的智力任务。

一旦我们领会道德思想的推论特征，分歧本身的概念就会变得更加复杂。提出一个孤立的命题，我对此可以完全接受或拒绝。在一个思路中交织了一系列命题，我可能会发现近似点和分歧点。我可能探索整合信念之方式的逻辑，即它们所产生的含义。但是在有分歧的情况下，我所呈现的多于纯粹的反对意见。我与其他信念牵涉其中的推理脉络形成了一种对立。当我挑战他并质疑他时，我开始陪伴他。我进入了他的合乎逻辑的命题序列中，由道德思想的逻辑支配，他和我都不能被豁免。两个人可能有不同的观点，但他们不同的观点不是两个，好像持这两个观点的是两个人一样。它们处于复杂的差异状态，时远时近。

正如公共理性不能适应基督教的仁爱或基督教信仰一样，作为多元性的差异无法适应基督徒的盼望。基督教社会理论因其赋予使命的地位而闻名。这使命正是以任何形式公开宣传福音的工作，寻求神国的来临，寻求全地顺服神旨意的曙光；在这旨意中，"神在万物之上，为万物之主"[3]。这就是为什么我们也可以在此期间寻求说服、和解

---

[3] 中注：这里的 "God shall be all in all" 引自《哥林多前书》十五28，亦可译

和一致；但是因为神国是圣灵的工作，而不是我们自己的工作，所以我们不能事前规定其具体的维度或内容。因此，它是一个盼望的对象，而非预言的对象。教父时期的基督教使命引发了意想不到的文明协同（civilizational agreements），这仍然为我们自己截然不同的文明提供了重要的参考点。在我们自己的时代，对福音的回应也可能提供新的社会凝聚点，即便我们不只是为此目的而寻求它们，而是作为未来更广泛合一的标志。

作"神是万有中的万有"。

第二章

"公民社会"的概念与基督教社会多元主义

约拿单·卓别林 (Jonathan Chaplin)

一. 不可简化之机构身份的概念

当代公民社会理论的形成在意识形态上有许多不同来源。最近几项研究表明，这个概念的起源可追溯到 18 世纪（这个词首次被广泛传播），或 17 世纪（被洛克等思想家运用，虽然所表达的意义不同），或更早的时候，甚至可以追溯到中世纪。[1] 接下来要引用的基督教社会多元主义理论，虽然在 19 世纪末、20 世纪初才臻至最完整的表述，但其根源可追溯至遥远的中世纪与早期现代基督教思想。[2] 然而，无论关于这一思想的传承有何说法，可以确定的是，近代多数说法都假定"公民社会"是一个独特的现代事实。公民社会的具体概念影响了过去三十年的争论。这个概念预设了现代性的两个基本相关特征（这两个特征直到 18 世纪才在欧洲得到广泛确立）：个人自由领域的广泛扩大与机构性分化的稳步推进。

人们曾就出现于 18 世纪的"公民社会"一词和复兴于 20 世纪末的"公民社会"一词展开辩论。这些辩论缘起于试图接受由这双重发展所带来的巨大机遇与重大挑战。古典自由主义理论对二者都大加赞赏。虽然有人担忧新的"被解放的"社会将如何产生维持新自由所必需的道德资源，但于古典自由主义理论而言，"公民社会"之所以成为可能，是因扩大了个人性与机构性的自由，从而开辟了新视野。相比之下，尽管社会主义者承认现代科学技术可以带来工业进步，并无意扭转分化进程，他们却警告新兴工业工人阶级容易受现代资本主义的分裂的冲击。对于马克思来说，"公民社会"是一个虚幻的资产阶级自由领域，隐藏着无产阶级奴役制度。传统保守主义作为现代

---

* 这篇文章引用了我所写的"Blessed Be the Tie That Binds," *Comment* (October/November 2004), http://www.wrf.ca/comment/article.cfm?ID=81, 以及"Civil Society and the State: A Neo-Calvinist Perspective," in *Christianity and Civil Society: Catholic and Neo-Calvinist Perspectives*, ed. Jeanne Heffernan Schindler (Lanham, Md.: Lexington, 2008), pp. 67-96.

[1] 见，例John Ehrenberg, *Civil Society: The Critical History of an Idea* (New York: New York University Press, 1999).

[2] 关于这些传统的记载，见Jeanne Heffernan Schindler ed., *Christianity and Civil Society: Catholic and Neo-Calvinist Perspectives* (Lanham: Lexington, 2008).

第三大意识形态潮流，与社会主义一样，批判资本主义造成的分化，但同时又怀旧地提倡恢复中世纪（至少是法国大革命前）社会典型的人与人之间、机构与机构之间的有机联结。

　　不出所料，多数这些关切直接影响了 19 世纪与 20 世纪早期的基督教社会思想。只要阅读天主教与新加尔文多元主义的创始文本，便不难发现这点。比如同时发布于 1891 年的利奥十三世（Leo XIII）划时代的教宗通谕《新事通谕》（*Rerum Novarum*）[3] 与凯波尔的公众会议演讲《社会问题与基督教信仰》[4]。40 年后（1931 年），庇护十一世（Pius XI）的《四十年通谕》（*Quadragesimo Anno*）极为精辟地总结了这一问题。[5] 该文件之所以闻名，主要是因为（有时也是唯一原因）它是对 "国家附属职能的原则" 的首次正式阐述；同时，它也对第二次世界大战期间整个欧洲的社会状况作出了出色的分析。其中，教宗发出了一条经典的多元主义警告："由于我们所谓的'个人主义'的罪恶，事态已经发展到这个地步，就是曾经通过各样的联合组织而得到高度发展的丰富社会生活被推翻，且几近灭绝，以至于只剩下个人与国家。" 他接着提醒读者，这种社会结构的解体会带来的破坏性的**政治**后果："这对国家本身造成了巨大伤害；因为随着社会治理结构的丧失，国家就要接管所有的职责（这原本是由那些被破坏的联合组织所承担），而这些无尽的任务与职责已经压碎了我们的国家。"（§78）

　　"社会治理结构的丧失" 这句话成了世界各地社会多元主义者的共同哀叹，而恢复社会治理结构也成了他们的共同抱负。他们警告道，

---

[3] Leo XIII, "On the Rights and Duties of Capital and Labor" *(Rerum Novarum)*, in *The Church Speaks to the Modern World: The Social Teachings of Leo XIII*, ed. Étienne Gilson (Garden City, N.Y: Image Books, 1954), pp. 200-244. http://www.vatican.va/holy_father/leo_xiii/encyclicals/documents/hf_l-xiii_enc_15051891_rerum-novarum_en.html.

[4] 英译本请参James W. Skillen, ed., *Abraham Kuyper: The Problem of Poverty* (Grand Rapids: Baker; Washington, D.C.: Center for Public Justice, 1991).

[5] Pius XI, *The Social Order (Quadragesimo Anno)* (London: Catholic Truth Society, 1960). http://www.vatican.va/holy_father/pius_xi/encyclicals/documents/hf_p-xi_enc_19310515_quadragesimo-anno_en.html.

有意或无意地阉割并压制国家与个体之间的多重社会关系、联合组织、团体与机构（我统一采用"机构"一词），将带来灾难性的后果。这种发展实际上损害了社会的三个组成部分：个人无根据可依、无方向可循、不受保护；机构受重创、被腐蚀；国家如教宗所言，不堪重负。因此，当代社会多元主义者强烈呼吁要向上一代学习，将公民社会的概念重新纳入社会与政治理论，因其使我们重新关注国家与个人之间脆弱的中间领域。然而，这被现代许多主要社会与政治理论系统性地边缘化了。[6]

厄内斯特·盖尔纳（Ernest Gellner）给公民社会下了一个标准定义：公民社会是"一组多样化的非政府机构，强大到足以制衡国家，同时又不会妨碍国家履行其维护和平的职责……却可以阻止国家支配并分化社会其他部分"。[7] 他还在其他地方指出，公民社会是"一系列强大到足以防止暴政的机构与组织；不过，它是可自由参加的，而不是通过开创或借着恐怖的仪式强加的"。[8] 同样，对约翰·霍尔（John Hall）来说，公民社会"是一种特殊的社会形式，欣赏重视社会多样性，能够限制政治权力的掠夺"。[9]

这些理论家有一个标准论点：恢复公民社会的机构对于复兴健康的社会与政体是不可或缺的；这即使为非充分条件，也是必要条件。大多数基督教社会多元主义者都会强烈赞同这一普遍命题。那么，准确定义"公民社会"这一术语就甚为重要。因为我们需要知道其中哪些机构才是社会更新的关键所在，在大目标之下我们对其确切的期望为何，以及为完成这些期待它们需要何种辅助。最近的讨论提出了许

---

[6] 如霍布斯、洛克、卢梭、康德、马克思、边沁（Bentham）与罗尔斯（Rawls）。而孟德斯鸠、黑格尔和托克维尔是三个主要的例外。

[7] Ernest Gellner, *Conditions of Liberty: Civil Society and Its Rivals* (New York: Penguin, 1994), 5.

[8] Ernest Gellner, "The Importance of Being Modular," in *Civil Society: Theory, History, Comparison*, ed. John A. Hall (London: Polity Press, 1995), p.42.

[9] John Hall, "In Search of Civil Society," in *Civil Society: Theory, History, Comparison*, ed. John A. Hall (London: Polity Press, 1995), p.25. 同见Charles Taylor 的论点："国家与公民社会的区别一直是西方不同形式的反绝对主义思想的核心"。Charles Taylor, "Invoking Civil Society," in Charles Taylor, *Philosophical Arguments* (Cambridge: Harvard University Press, 1995), p. 223.

多相互抵触的公民社会的定义。

例如，关于定义范围应该涵盖哪些机构部门就有许多争论。虽然所有人都赞同应当包含自愿组织而排除国家，但家庭与市场是否应该加入其中仍存分歧。暂且不论这一有趣的论题，先集中讨论当代定义中的另一个问题，即抽象性。请注意：盖尔纳提到，公民社会仅仅是"一系列机构与组织"。我认为，这种抽象性源于公民社会思维的共同趋势，即主要从工具的角度来看待特定的社会机构。[10] 在盖尔纳的例子中，特定的社会机构就是作为面向政治目标的工具，是对国家权力的限制。各个阶层的社会多元主义者都会赞同这是极有价值的目标，并且都坦率承认强大的家庭、街区、志愿团体、教会、企业、工会等可以有效地抵制作为现代国家典型特征的"畸形控制欲"。但基督教社会多元主义者尤其反对以下说法：此类机构的价值主要在于其政治功能。

其他定义给出了政治关切以外的补充，强调公民社会机构在驯服市场或产生社会资本方面可以发挥重要作用。例如，唐·艾伯利（Don Eberly）注意到，这些机构"在个人与国家及市场的大型结构之间进行调解，缓和了与之相关的负面社会倾向，创造重要的社会资本，传授民主价值观与习惯"。[11] 多数社会多元主义者都同意，健康的公民社会机构有助于个人获得工作、自律与信任方面的美德，从而为社会、民主与经济提供动力。但基督教社会多元主义者连这一点也不是特别赞成。他们坚持认为，公民社会机构要想服务于更加广泛的社会、经济或政治目标，前提必须允许它们做自己，并让他们自己的独特身份得到公开的尊重。若它们要有任何用途，它们必须要先因它们的本质得到尊重。此外，就算其使用价值难以衡量，仍然应该让它们独善其身。如果公民社会机构对人类繁荣的内在贡献得不到欣赏和重视，那么"社会治理结构"就无法恢复得当。

---

[10] 见James W. Skillen, "Civil Society and Human Development," in his *In Pursuit of Justice: Christian-Democratic Explorations* (Lanham, Md.: Rowman and Littlefield, 2004), pp. 19-40.

[11] Don E. Eberly ed. *The Essential Civil Society Reader: The Classic Essays* (Lanham, Md.: Rowman and Littlefield, 2000), p.7.

于是，机构具有"不可简化的身份特征"的概念使公民社会的概念更加完整，而这个概念就是标志着**这种**或**那种**有组织的、集体的人类奋斗的典型道德目的（moral purposes）。基督教社会多元主义者认为，仅仅要求有**许多**这样的中间机构，或要求它们从事**不同**的任务，或要求它们有能力采取有效的**独立**行动，或要求它们充分**自治**，都是不够的。真正重要的不是机构的数量、多样性或机构代理，而是它们**是否适合构成性的人类目的**（constitutive human ends）。借着创造，人类被构造就是借着追求许多此类目标达到繁荣昌盛。那么，这就需要有相应的不同性质的机构形式的多元性来引导并构建这种追求。

这一点很重要，因为基督教多元主义者提出警告，机构很容易偏离它们本该履行的最终目标。这在后现代社会尤然。因为在后现代，官僚化与市场化这两股相互支撑的孪生力量甚为强大，又极具渗透力，足以将中间机构（intermediate institutions）混入自身水准的迫切需要。比如，我们称之为婚姻的机构可以提供一种伙伴关系与性联系，以满足人类对亲密关系和后代繁衍的需要，而不仅仅是促进某种财产所有权的安排。教育机构应该是塑造全人学识的团体，而不仅仅是为适应全球竞争的世界而准备的技能培训中心。政党适用于协调整合持不同政治信念的团体，而不是仅仅充当推动精英操纵懒散公民的选举机器。

在我们这个时代，非人性化的社会扭曲已成主导。因此，坚持这种机构身份不可简化的观点，就是为了号召理论家与实践者去辨别并抵制这种扭曲。错误看待或压制一个社会机构不可简化的部分，或将其与另一部分混为一谈，就是抑制参与其中或受其影响的民众的繁荣发展。[12] 因此，尊重机构多重不可简化的特性对于健康、公正的人类

---

[12] 在基本的意义上，机构的存在是为了服务（促进）个人的繁荣，而非人的存在是为了服务机构。正如雅克·马里坦（Jacques Maritain）的名言所言："（国家）是服务人民的工具……决不是人民为国家。国家是属于人民的" [*Man and the State* (Chicago: University of Chicago Press, 1951), p. 13]。但这是一种非常不同的工具主义，与上文所批评的不同。后者的问题是把一种不可简化的机构变成另一种机构的工具，这必然扭曲参与两种机构之人的繁荣。在马里坦看来，机构是人全面发展所必须的结构化渠道。

社会是必不可少的。

为了进一步阐明这一点，这一愿景可以与自由意志主义乌托邦（libertarian utopia）进行比较，如罗伯特·诺齐（Robert Nozick）所设想的乌托邦。后者由多种基于契约的自愿组织构成，尽可能充分地满足每个人的选择，而将强制减少到最低限度。[13] 这并不符合基督教社会多元化的愿景。这一种模式不仅没有公正对待各种人类组织彼此在本质上的区别，而且志愿性的组织需要许多其他类型的机构辅以补充。正如亚伯拉罕·凯波尔所言，批判必须是 "架构性" 的，必须揭露这种萎缩的社会愿景中根本的结构性缺陷。自由意志主义的组织架构的批判认为，这类愿景虽然令人向往，实则无法实现。若没有各样 "非志愿的" 机构（如家庭、教会、社区、大学，也可能是族裔社区或国家等）的存在，就不可能有人有能力去建立并维持志愿性的组织。

特定的机构形式适于促使追求我所说的构成性的人类目的，这被基督教社会多元主义者以多种有趣的方式理论化。"目的"（ends）一词是典型的天主教（实际上是托马斯主义）用法。[14] 根据托马斯的社会形而上学，每一个人类群体都被认为是自然有序地指向一个特定的终极目标（telos），一种动态的内在倾向（由理性而不是非理性冲动引导），以实现一项特定的任务或一组任务，从而以一种独特的方式为人类的繁荣做出贡献。[15] 在现代天主教社会思想中，特定类型的自然群体，尤其是家庭、学校、工人协会与国家，已经吸引了特别的关注。不过其他团体也会得到额外对待，如企业、专业团体或天主教解放神学中的 "基础社区"（base community）与政治运动。人们有时会把完全 "自然" 的团体与存在时间较短的团体加以区分。前者在历史上随处可见，对人类的繁荣必不可少；后者存在时间短，其中有

---

[13] Robert Nozick, *Anarchy, State, and Utopia* (Oxford: Blackwell, 1974), part 3.

[14] 有关天主教社会多元主义，见Russell Hittinger, "Social Pluralism and Subsidiarity in Catholic Social Doctrine," in *Christianity and Civil Society,* pp. 11-30; Kenneth L. Grasso, "The Subsidiary State," in *Christianity and Civil Society,* pp. 31-65. 若要比较天主教多元主义与奥托·冯·吉尔克（Otto Von Gierke）的法律多元主义，见拙著"Toward a Social Pluralist Theory of Institutional Rights," *Ave Maria Law Review* 3, no. 1 (2005): 147-70.

[15] 此类组织不是自然的就是超自然的，但在此我只评论自然组织。

许多自愿组织。

这个区分十分重要，但这并非是根植人性倾向之群体和未根植人性倾向之群体之间的区分。[16] 例如，利奥十三世指定《新事通谕》中的工人组织为"自然"组织，尽管他所说的是针对 19 世纪的人。他认为，这种组织特别适合用来引导根植于人性的力量，我们可以称之为生产者的团结。因此，天主教社会多元主义起源于《新事通谕》，然后在自然法则的基础上继续发展。哲学家迈克尔·派克拉克（Michael Pakaluk）提出了以下这些重要含义，清楚呼应了新加尔文主义多元主义的特征重点：

> 从这一观点来看，组织或团体通常具有一定的内部一致性、自治性与独立性。这是因为其构成的关系与活动对其成员产生了各种具有约束力的要求与义务。因此，可以说任何组织都有自己的"法律"，由有权管理该组织的任何一个人或几个人制定并执行。该组织的法律正是基于这些要求与义务，并从这些要求与义务中获得强制力。[17]

派克拉克所谓的"构成性的关系与活动"就是我所说的组织的构成性的目的，即组织的内部目的。

20 世纪的天主教社会思想广泛分析并发展了这一托马斯主义的概念。虽然自梵蒂冈第二次会议以来的社会性的通谕在此议题上并未

---

[16] 这种区别也没有勾勒出"机构"（institutions）和"组织"（organizations）之间的标准社会学的区别。在这些机构与组织中，前者（例如一所大学）被认为具有内在目的，而后者（例如一家企业）只具有外在目的。在下文，我将把它们都称为机构，并提出两者都具有内在目的与（时而有的）外在目的。在任何情况下，这些内在目的都由机构本身性质规定，而不是由外部条件或要求决定。

[17] Michael Pakaluk, "Natural Law and Civil Society," in *Alternative Conceptions of Civil Society*, ed. Simone Chambers and Will Kymlicka (Princeton: Princeton University Press, 2002), p.133. 有关早期加尔文主义对此观点的描述，见Frederick Carney, "Associational Thought in Early Calvinism," in *Voluntary Associations,* ed. D. B. Robertson (Richmond: John Knox, 1966), pp. 39-53.

十分明确，但仍在官方教导中发挥作用，并有大量文献（虽然有些文献没有那么精彩）对此进行阐述。可惜的是，这些文献都被忽略了。然而，这并不是天主教社会多元化的唯一概念。拉塞尔·希廷格（Russell Hittinger）近来指出，现在出现了另一个同样重要的概念，即 "参与性的王权"（participated royalty）。[18] 这一概念的根源与其说是形而上的概念，不如说是神学上的概念，即呼召、服事的恩赐或职分。这些术语反应了通谕中随处可见的拉丁文术语 munus（munera 的复数）。但因为被相当平淡地翻成 "功能" 或 "角色"，所以该词与圣经的共鸣也减弱不少。希廷格指出，正是《四十年通谕》的作者教宗庇护十一世首先发展了 munera 的本体论，不仅指定个人，还指诸多机构是 munera 的承载者：家庭、企业、教会，甚至国家与国际权威机构。这些机构不仅拥有权利（iura），而且还拥有设立这些权利的职分（munera）。Munera（有恩赐的职分）是人类参与神所赐的高贵统治品质（regalitas）的途径。因此，行使 munus 就是展示 "参与性的王权"。只要你熟悉新加尔文主义 "领域主权" 概念，都会马上意识到它与这一概念的密切关系。

　　至此为止，我已经描述了天主教社会多元化的组织概念，但丝毫未提及 "辅助"（subsidiarity）一词。这一原则常被视为天主教多元化的概念特征。《四十年通谕》中著名的宣告称其为 "把下级组织能做的事情分配给更大、更高级的组织是不公之事，是大恶，是扰乱正确秩序"（§79）。但辅助原则实际上完全依赖于上文概述的社会本体论，所以到目前为止一直避而不谈。许多人将辅助性误解为仅仅是去中心化（decentralization）或权力下放（devolution）的原则，但它毕竟没有要求在**最低一级**，而是要求在**适当的一级**履行所有社会职能，也就是通过适当的机构实现这些目标。此原则本身并没有告诉我们这些机构是什么，只是告诉我们，一旦我们正确地确定了这些机构，就应该在任何可能的情况下都赋予它们需履行的职能。如希廷格所

---

[18] Russell Hittinger, "Social Pluralism and Subsidiarity in Catholic Social Doctrine," in *Christianity and Civil Society: Catholic and Neo-Calvinist Perspectives*, ed. Jeanne Heffernan Schindler (Lanham, Md.: Lexington, 2008), pp.11-30.

说："辅助原则不能用来解决关于 munera 分配或本体论的争论。相反，我们使用这一原则来管理已分配职能之间的关系……（这一原则）被视为不吸收原则（principle of nonabsorption），并不是必须要权力下放。"[19]

在天主教社会多元主义的论述中，关于表述不可简化的机构身份之概念就到此为止。现在我们转到新加尔文主义的社会多元主义。我将给出四种解释，以突出新加尔文主义不可简化的机构身份之概念的一些独特特征。[20]

第一，领域主权若理解得当，也是一种不吸收原则，而不是一般的权力下放或分配原则。机构神圣被造的身份抵抗了吸收；每个机构皆受凯波尔所说的内在运行的"生命之律"的动态性刺激。凯波尔从未对主权领域的范畴列出明确名单，但从他个人及后人的叙述可以清楚看出，某个领域的"主权"本身并不是目的，只是因其不可简化的身份而产生的适当权威，只用来维持并保护其身份。"不可简化的身份"这组词就很好地抓住了这个重点。

第二，新加尔文主义者坚持认为，不同机构彼此之间在本体上是平等的，而不是按照形而上学建立的等级制度进行排名。这一宣称常与托马斯社会理论形成争辩性的对比。事实上，天主教社会思想甚至到《四十年通谕》时代都反映了这种等级模型。但在梵蒂冈第二次会议后，这种模式在天主教社会思想中逐渐失势。甚至一些新加尔文主义者也认识到在机构之间存在一定的等级。赫尔曼·杜伊维尔（Herman Dooyeweerd）承认，学术上所谓的"机构"（如婚姻与国家）与"组

[19] Hittinger, "Social Pluralism and Subsidiarity in Catholic Social Doctrine," 16; Grasso, "The Subsidiary State."

[20] 有关新加尔文多元主义的文本与解释，见James D. Bratt, ed., *Abraham Kuyper: A Centennial Reader* (Grand Rapids: Eerdmans, 1998); Heffernan Schindler, *Christianity and Civil Society;* James W. Skillen and Rockne M. McCarthy, eds., *Political Order and the Plural Structure of Society* (Atlanta: Scholars, 1991); Peter S. Heslam, *Creating a Christian Worldview: Abraham Kuyper's Lectures on Calvinism* (Grand Rapids: Eerdmans, 1998); *Journal of Markets and Morality* 5, no. 1 (2002) (Proceedings of "A Century of Christian Social Teaching: The Legacy of Leo XIII and Abraham Kuyper," Grand Rapids, 1998); Herman Dooyeweerd, *Roots of Western Culture* (Toronto: Wedge, 1979).

织"（associations）之间存在重要区别。前者在社会中扮演着基础性并永久性的角色，而后者是暂时的、非本质的。[21] 其结果是，再也没有必要将这两种传统在自然群体排名上的差异视为显著差异。[22]

第三，社会机构有很多种本体类型（ontic types）。这是由杜伊维尔所说的社会机构之 "结构原则" 所决定的。在这原则中，机构的 "限定性的职能"（qualifying function）起着决定性的作用。[23] 罗伊·克劳泽（Roy Clouser）提出了一个更恰当的术语——"结构目的"——来替代 "限定性的功能"。[24] 机构的结构目的决定性地塑造了不可简化的机构身份。杜伊维尔自己对这一点的阐述既抽象又复杂，很容易掩盖他的深层观点，但这其实可以简略表达。社会机构显然履行多种社会职能，并从事广泛而多变的具体任务。但在经验方面，有一种主导职能，使其成为**这种**机构而不是**那种**机构。可以称限定职能为协调整合性的（orchestrating）职能。例如，工会很可能为员工提供技术培训服务、医疗保险，或为员工政党的财政支持提供渠道，但没有人会因此就要求它成为学校、保险公司或政治组织。这些特定的任务可能完全合法，但它们（或应该）仅是支持并附属于工会的决定性目标，即促进企业内工人的团结。

杜伊维尔提出的结构目的的观点，对不可简化的机构身份之最初凯波尔式的直觉进行了有益的改进，并提供了一种详细的机构性的分析，而天主教的叙述中通常没有如此详尽的分析。其重点不仅是分类，而是要诊断并批判。例如，如果工会永远支持同一个政党，就有可能

---

[21] Herman Dooyeweerd, *A New Critique of Theoretical Thought*, vol. 3. (Philadelphia: Presbyterian and Reformed, 1945-48), 187-91.

[22] 有关杜伊维尔对此观点的批判，请参考拙著"Toward an Ecumenical Social Theory: Revisiting Herman Dooyeweerd's Critique of Thomism," in *That the World May Believe: Essays on Mission and Unity in Honour of George Vandervelde*, ed. Michael W. Goheen and Margaret O'Gara (Lanham, Md.: University Press of America, 2006), pp. 215-38.

[23] 关于杜伊维尔的社会理论，见Chaplin, "Civil Society and the State"; James W. Skillen, "The Pluralist Social Philosophy of Herman Dooyeweerd," in *Christianity and Civil Society*, pp. 97-114.

[24] Roy Clouser, *The Myth of Neutrality*, rev. ed. (Notre Dame, Ind.: University of Notre Dame Press, 2005), pp.278ff.

让该党的政策立场行使过大的权力，从而颠覆公共利益。又或者当这个政党的政策严重损害工会的合法利益时，工会将缺乏所需的批判性的距离。可以说，这句话粗略地总结了过去两代英国工会运动的坎坷历程。

第四，凯波尔或杜伊维尔并不认为一个机构持久的内在本质，是未堕落的被造物中的特定设计，只等着被亚当的子孙偶然发现。只有人类为应对历史上许多不可预测的需求而参与机构建设的实际操作时，它才会久而久之进入人们的视野。结构原则不应被视为柏拉图式的理念（ideas），而应被视为历史可能性的本体条件。[25] 比起我在此处的描述，这一点实在值得更多探讨。但我至少尝试借着回应针对此点的最常见的批判脉络，来重述我认为的杜伊维尔的最佳目的。

从某种意义来说，社会机构展示了一种结构设计，其根源在于创造秩序被赋予的可能性。但这一观点引发了强烈的负面反应，其中一些观点也颇有道理。至少可以说，创造谕令的神学调用了一个比较混杂的历史。尼古拉斯·沃尔特斯多夫（Nicholas Wolterstorff）反对杜伊维尔静态的机构观，即认为机构夸示一套固定不变的职能。他认为杜伊维尔将不可简化的身份理解为超越历史变迁的永恒本质。但沃尔特斯多夫认为，特定职能与特定机构之间没有普遍的相关性："职能与机构的匹配……不应问**这个**国家（the State）和**这个**企业（the Business）应该做什么，而是考虑**我们的**国家（our states）与**我们的**企业（our business）在这种情况下应该做什么。"[26]

这种批评有强有力的直觉上的吸引，这与杜伊维尔自己的语言表达也很有关系。但我认为这是因为误解了职能与机构之间的关系。[27]

---

[25] 见Dooyeweerd, *Roots of Western Culture,* chapters 2 and 3 和Dooyeweerd, *A New Critique of Theoretical Thought,* vol. 3 (Philadelphia: Presbyterian and Reformed, 1945-58), part 2.

[26] Nicholas Wolterstorff, *Until Justice and Peace Embrace* (Grand Rapids: Eerdmans, 1984), p.63. 此处，沃尔特斯多夫完全依赖杜伊维尔在《西方文化根源》（*Roots of Western Culture*）一书中更大众化的论述，而没有探讨《理论思想新批判》（*A New Critique of Theoretical Thought*）中完整的哲学理念。

[27] 关于对沃尔特斯多夫的全面回应（以及杜对伊维尔的批评），请参考拙著

经济生产、子女抚养或公共正义的执行等社会职能并非自由流动，等着任一机构来承担，而只有特定类型的运作机构才能执行。在历史中的任何时期，经济组织都不擅长供养家庭。我们有理由认为，就某些职能（如执行公共正义）的本质而言，**只有**像我们现在所称为国家的这种机构才能恰当履行。

这观点并不讳莫如深，也无需对杜伊维尔思想中拜占庭式的复杂性有深刻的洞见。我们的基本直觉便十分明确。例如，如果执行公共正义的任务是由一个类似部落的亲属结构承担，那么结果很可能是，公职将由裙带关系而不是功绩或选举来授予。如果这样的任务是由一家企业承担，其结果很可能是如东印度公司这样的企业，会将强制性的公共权力逐渐变成企业的经济权力；或者，如发展中国家的石油公司，使用自己强制的私人安全设备来保护自己的管道。用特定机构将职能与必要联系分离的提议，表面看似让社会需求以灵活悠闲的方式得以满足，而不受限于某些死板的预设，但是这其实可能会破坏人类繁荣所必需的机构正常职能。因此，沃尔特斯多夫口中 "我们" 的国家和其他国家一样，若要保护那些容易遭受不公义待遇的人，就必须具备独特的能力来执行公共正义。

无论我们如何看待杜伊维尔公认的独特论述，我的结论是，新加尔文主义对我所说的不可简化的机构身份的论述，与天主教的基本意向非常相似，并共同构成了一条丰富的理论化的脉络，有助当今对公民社会的反思。这一普遍观念背后的基本直觉或许可以通过另一个例子——婚姻——得到最清晰的表达。在我们听来有趣的是，古老的圣公会婚礼仪式会讲述 "婚姻的神圣财产"。这个词表明，当一个男人与一个女人决定永久住在一起的时候，婚姻关系并非凭空出现，而是由机遇、期待、快乐、义务与权利的结构安排而构成的一种 "财产"（estate）或 "职务"（office）。可以肯定的是，个人（应该）通过选择进入婚姻，但他们不会武断地选择他们所要进入的 "职务" 的性

"Dooyeweerd's Notion of Societal Structural Principles," *Philosophia Reformata* 60 (1995): 16-36, 其中保罗·马歇尔（Paul Marshall）在*Philosophia Reformata* 50 (1985): 89-93中评述了沃尔特斯多夫的书。

质。他们作为婚姻伴侣的"表现"是根据他们在多大程度上实现其构成目的来评估的。例如，如果仍处于"婚姻"关系内而不是其他关系（可能是原则上相当合法的关系，如友谊），婚姻权利与义务的实际内容允许在婚姻形式和行为上存在巨大的差异（但并非无限的试验）。

基督教社会多元主义概括了这一基本直觉，认为许多社会机构（有些较为激进的甚至认为是**所有**机构）都是这种意义上的财产（estate），具有特定目的与设计的职务（office），以及一套相应的权利与责任。比如在现代企业的例子中，基督教多元主义者并不认为股份公司的历史可以追溯到伊甸园中"耕作与看守"的命令。但正如沃尔特斯多夫所言，这确实表明，透过今天的企业，"我们"试图形成一个普遍趋势，即让每一个社会都形成"生产者团体"。我们可以将生产者团体持久存在的合理理由定义作：为生产社会所需的商品或服务提供合作、创新的管理型活动。一旦我们探讨"合作"、"创新"、"管理型"或"社会所需"等术语的含义，就不得不探讨我们今天所说的公司结构、工作的主观意义、劳动优先于资本 [引用教宗约翰·保罗二世（John Paul II）所言][28]、生产率与利润，以及企业对更广泛的社会与自然的责任。

无论是联合股份公司、跨国公司、工人合作社，还是上述所有组织，都能从这样的讨论中很好地浮现；但这是另一个问题。像其他人一样，基督教社会多元主义者有时会像一个麻袋里的老鼠，为了某个特定机构不可简化的身份而斗争，现在仍是如此。关键在于，我们在这些描述与任何其他不可简化之身份的描述之间的选择，必须考虑到什么才是最有利于可界定的人类需求与潜力。这些需求与潜力本身并不是由人类重新创造的，而是如基督教的多元主义者所承认的，是从造物主"丰富智慧"中产生的。

---

[28] 见John Paul II, *Laborem Exercens, in Proclaiming Justice and Peace: Documents from John XXIII to John Paul II,* ed. Michael Walsh and Brian Davies (London: Collins/ Cafod, 1984), pp. 271-311. http://www.vatican.va/holy_father/ john_paul_ii/encyclicals/documents/hf_jp-ii_enc_14091981_laborem-exercens_ en.html.

二. 机构的互联性[29]

我曾指出，现代公民社会理论认为现代社会扩大的个人自由与机构自由这一特点是理所当然的。19 世纪中期，基督教社会多元主义曾短暂而不幸地沉溺于怀旧的新中世纪（neo-medieval）思想。但那之后就普遍接受了这样一种观点：扩大的选择范围为许多重要的社会职业开辟了新的可能。19 世纪常被称为 "组织的时代"。当然，那个时代因需求产生的许多新协会（包括一些商业协会），其背后原因是基督教盼望追求新的社会服务形式。然而，基督教多元主义者也同样警惕，需要通过各种捍卫手段来平衡这种新颖却脆弱的自由。首先是通过教会，其次是长期存在但仍受威胁的自然机构(如家庭、社群)，并借着创造社会整合的新架构来捍卫。他们认识到，现代个人与机构彼此分散，以便脱离以往彼此联系的有机纽带而追求更强的独立。由于这些联系有时过于紧密，他们因而面临着紧迫的历史任务，必须建立**新的纽带**，以正义与团结重新连接。解放与分化是惊人的文化成就，但由于缺乏相应的新的团结纽带，则具有导致个人孤立、社会分裂与经济不公的巨大风险。当然，这些风险通常因工业资本主义的破坏而悲惨地发生了。

我给这些团结的各种新形式起一个共同的名字： "**相互依存**"（interdependencies）。我用这个词首先是指**真正自治**（genuinely autonomous）的单位（自由的个人与分化的机构）之间的关系；其次，如果这些单位要蓬勃发展，它们之间仍然是**相互依存**的。这个词的意图不仅仅是在所谓的 "现代个人主义" 与 "前现代有机主义" 之间取得平衡（这种简单的对比，不管何种情况，都经不起历史的考验），而是超越这种误导性的两极观点，代之以个人与机构的整合模式，其中个体性与团结是相互构成的。我认为，公民社会各机构之间的相互依存性是分化社会所需的相互联接性的典型形式。假设我们把自由机构称作这种社会的 "肌肉"，那么相互依存性就是其 "肌腱"。因此，

---

[29] 有关这方面的启发性补充说明，见Govert Buijs, "The Promises of Civil Society" (paper presented at conference of IAPCHE, August 20-23, 2005, Moscow).

我们可以如此总结现代性的悲剧：未能创造出强健的机构肌腱便意味着机构肌肉本身已经萎缩。

许多基督教社会多元主义（现无可否认，基督教确实"肌肉强健"）一直有一个很明显的特征，即特别关注特定机构不可简化的身份。这一点极其宝贵，可以用以纠正"以工具方式对待本质差异之机构"的公民社会理论。但我现在想说的是，若基督教社会多元主义要想对当代公民社会理论化作出令人满意的贡献，那么就需要对相互依存性有更多的关注。

当然，基督教多元主义关于相互依存性已有许多论述。先来看看新加尔文主义。人们常常没有注意到，尤其是在凯波尔的北美读者中，凯波尔经常使用有机隐喻来谈论社会各机构之间的密切联系（用国家与地区的浪漫主义语言表达的隐喻有时毫无用处）。然而，凯波尔的主要动机是希望确保各机构不受外部威胁的独立性，而不是探索它们之间复杂的相互依存性。杜伊维尔对相互依存性则有更多的看法。他谈到了新"整合"过程对"个体化"与"分化"之平衡的重要性。他认为，这些过程虽然在历史上是正当的，但本身根本不完整。其中，在现代社会，已分化机构之间出现了各种各样的"相互联系"。[30] 在这些相互联系中有一种特殊的类型，即涵摄交织（enkaptic interlacements）。这在不同类型的机构之间建立了一种异常紧密的联系，我们可以恰当地称之为特殊的"服务纽带"。我认为，借用相互依存性的概念可以用不那么复杂并更吸引人的术语，来重申这些不同概念背后的核心含义。为此，还需借助一个同类传统。

天主教社会思想无疑在社会的有机和谐、凌驾于并整合较小社群部分利益的公共利益，以及近期提出的群体内、并在群体间实现的"团结"之规范这些彼此相关的概念下，早已广泛谈论了相互依存性的主题。

新加尔文主义者经常对这些更整合性的概念表现出过敏反应，因为他们显然易受集权主义或社团主义解释的影响。如《慈母与导师》

---

[30] 在杜伊维尔对这些整合过程的专业描述中，这个术语代替了一个很长的荷兰文的构造。参见Dooyeweerd, *A New Critique,* vol. 3, part 2 (chapter 5), and part 3 (chapter 2).

（*Mater et Magister*）中对公共利益的宽泛定义："人们借着社会生活条件的总和能更充分、更容易地实现自己的完美。"（§65）[31] 若草率地认为如此包罗万象的社会工程应该由国家来推进，那么一些新加尔文主义者就会忧郁地抱怨"集体主义"，甚至"极权主义"的危险。然而，如果仔细观察就会发现，像《慈母与导师》中的这句话，尽管可能不太恰当，必须与前文的天主教社会思想中强烈的反倾向一起解读——这些思想在根本上是反极权主义的。

撇开这个争论不谈，让我进一步探讨天主教社会思想的资源之一：辅助原则**本身**揭示了对机构间相互依存性的深刻理解。回顾一下《四十年通谕》的提法："把下级组织所能做的事情分配给更大更高级的组织是不公之事，是大恶，是扰乱正确秩序。"下文紧邻的这句话也同样重要："因为每一种社会活动在本质上都应该向社会主体的成员提供帮助（辅助），而绝不摧毁或吸收他们。"（§79）这句话暗指托马斯主义的观点，即人类天生具有社会性，不能孤立地实现自己的终极目标，而需要社会的帮助（**辅助**）才能实现。在深层意义上而言，天主教社会思想认为**作为一个整体的社会**在人与机构的关系中起着辅助作用。正如庇护十二世所说："所有社会活动在本质上都是辅助性的。"[32] 事实上，这其实也是在说个人与较小群体的特殊利益不能脱离所供给的公共利益而实现。因此，正如 20 世纪天主教社会哲学家约翰内斯·梅斯纳（Johannes Messner）所简述的："辅助功能法则与公共利益法则在本质上是相同的。"[33]

若如此解读辅助原则行之有效，那么它就会要求标准应用的修正。正如一篇著名的天主教评论所指出的那样，"人们普遍认为辅助只是单方向的"，即从政府自上而下。[34] 这种对原则的垂直解读并没

---

[31] In Walsh and Davies, *Proclaiming Justice and Peace,* pp. 1-44. Also available at http:// www.vatican.va/holy_father/john_xxiii/encyclicals/documents/hf_j-xxiii_enc_15051961_ mater_en.html.

[32] Quoted in J.-Y. Calvez and J. Perrin, *The Church and Social Justice* (Chicago: Henry Regnery, 1961), p. 122.

[33] Johannes Messner, *Social Ethics* (St. Louis and London: B. Herder, 1949), p.196.

[34] Jean-Yves Calvez and Jacques Perrin, *The Church and Social Justice* (Chicago: Henry Regnery, 1961), p.332.

有错，但我试图从中引出的更深含义也暗示了一种水平的、甚至是多方位的应用。因为如果所有社会活动都是辅助的，那么所有社会机构不仅需要保护它们不可简化的身份，而且还需要超越自己，为他者提供"帮助"或服务。它们提供的服务形式将反映其不可简化的身份。每个机构都将培育其所受委托的恩赐（munera），并提供给需要的机构。首先，它们不会通过启动一些外展的项目而如此行，乃是做它们自己。反之，每个机构都依赖于只有其他机构才能提供的独特服务形式。多方面的机构相互依存性构成了人类社会，反映了造物主的设计。

通过杜伊维尔涵摄交织的概念，我们也可以得出同样的结论。对于杜伊维尔来说，若一个机构将其独特的功能提供给另一个机构使用，就是涵摄交织。例如，教堂作为婚姻登记机构向国家"提供"礼仪功能；又比如议会制内的政党为国家"提供"内部统一的信念，以便组织政府。在我看来，涵摄交织是一种单向功能的辅助。这些都是机构彼此服务的有趣案例，但不应局限于对单向辅助的探讨，可以扩展到任一机构间的职能服务，从而通过我之前对辅助原则的重新表述回到原来的问题上。

我需要强调的是，相互依存性的概念并不仅仅是一个描述性的概念，或是现代社会的一个简单事实。适当的相互依存性的创造是一种规范的天职，是对一个社会典型的脆弱性（其特征是先进的个人化与分化）的回应。因此，我们需要讨论相互依存的规范性特征，并准确地指出哪种形式的相互依赖是适当的，哪些是具有破坏性的。这需要很多详细分析，但总原则很清楚：机构应该注意到，它们相互吸引或寻求的各类相互依存性，允许多种不可简化的身份**共同繁荣**。显然，许多现有的相互依存性本质上是反规范性的，而其他本身合理的相互依存性会导致单边、双边或多边的衰落。[35] 相互依存性能够且确实很容易沦为不健康的**依赖性**，从而损害较弱的一方（如极不对称的劳动合同），或将双方拽入退化的**相互依赖性**（codependency）的下降式

---

[35] 我将探讨所谓的"非公民社会"的问题。在这个问题上，公民社会的机构会受到损害，而没有支持个人自由与公共美德，名为相互依存，实则沉沦为不健康的依赖。

螺旋 [如艾森豪威尔（Eisenhower）著名的 "军工联合体"]。[36]

今天的市场显然是一个具有曲折复杂的相互依存性的场所，既有健康的，也有不健康的。对 "自由市场" 的普遍排斥忽略了一点，如工人需要企业提供就业，消费者需要企业提供产品，政府需要企业创造税收。然而，那些将 "自由市场" 浪漫化的人同样往往忽视了一个事实，即企业同样依赖于健全的家庭、学校、医疗机构、福利服务提供者、公共交通网络、监管框架以及政府提供的许多其他东西。对所谓市场之 "社会式嵌入"（social embeddedness）的日益认识，很好地捕捉到了这种关于相互依存性的普遍主张。[37] 然而，我们都知道，这种不可避免的相互依存性的网络创造了许多剥削的机会或其他支配的形式。这在 19 世纪掠夺性、预先管制的劳动力市场中十分明显；正如在 2008 年末，全球金融市场以危险的方式放松管制，将世界带到了系统性崩溃的边缘。

因此，我建议将市场纳入重新制定的公民社会定义。这种将市场纳入公民社会范围的定义，鼓励分析师明确指出市场中存在的复杂且往往具有巨大影响力的相互依存性，并批判性地评估它们的健康状况。当非法市场力量损害家庭、街区或大学等机构的完整性，或破坏所有人类机构对自然环境的普遍依赖性时，公民社会理论家会敦促进行控制，而不是简单地从它们身上开辟免疫空间。将市场关系置于相互依存性的范畴内，就是坚持市场关系也要服从相互繁荣的控制规范；通俗而言，市场是仆人，而不是主人。

因此，事实证明，社会有用性并不是对不可简化之身份的补充，而是其内在部分。这是公民社会 "工具主义" 理论所寻求但未能把握的真理，因为缺乏一个不可简化之机构身份与规范的相互依存性的充

---

[36] 斯坦利·卡尔森-蒂斯（Stanley Carlson-Thies）的具体公共政策分析有力地支持了这一普遍主张。他呼吁建立一种模式，既能识别政府与教育或福利组织之间的 "真实身份"，又能在两者之间建立适当的 "伙伴关系"。可参考其著作"Why Should Washington, DC, Listen to Rome or Geneva about Public Policy for Civil Society?" in *Christianity and Civil Society*, pp. 165-87.

[37] 见Bob Goudzwaard, *Capitalism and Progress* (Grand Rapids: Eerdmans, 1979); Herman E. Daly and John B. Cobb, *For the Common Good* (Boston: Beacon Press, 1994).

分丰富的社会本体论。我认为，为他人提供独特类型的服务是所有机构不可简化之身份的本质特征。关于基督教社会多元主义当如何丰富并纠正当今公民社会理论这一方面，这至少迈出了第一步。

第三章

亚伯拉罕·凯波尔其他政治理论中的领域主权

雅各·布拉特 (James D. Bratt)

一

在亚伯拉罕·凯波尔漫长的演讲生涯中，＜领域主权＞可能是最令人难忘的演讲。当时正值自由大学成立（他视自由大学为毕生事业的关键）。这所大学中将形成一个领导阶层，使他的运动永存全国舞台。并且，这里也将涌现出一个特色的基督教学术团体，在极大地塑造了现代生活的文化高地上捍卫并推进信仰主张。基于以上这两个原因（社会方面与知识方面），凯波尔在演讲中提到的人类生命本体论和领域主权理论影响极为深远。激进的凯波尔追随者经常诉诸"领域主权"为其政策提案的正当理由。而正是在探索这些领域的过程中，他培养的学者找到了研究议程，寻得了具有创造力的革新宪章。[1]

值得注意的是，凯波尔的演讲中对领域自身的提及极为简略：它出现于现代英译本第19页，且只有一页多点的篇幅，描述也甚不清晰。比如，论到领域数量，凯波尔说"如天上的星座那样多"。他列举了"个人领域、自然领域、家庭领域、科学领域、社会与教会生活领域"；但之后又另列了七个，在这之前还曾列过别的三个（之后也有提及）。至于我们该如何描绘这些方面，凯波尔说它们可能是"各被自己的灵魂所激活推动的'领域'，但也可能是一台大型机器的'齿轮'……轴上转着的弹簧"。他随即又说，图像无关紧要，只要我们记住"每个物体的周长都是从一个独特原则的中心开始，以一个固定的半径画出来的"。[2] 简而言之，凯波尔演讲的主要内容并非是对领域的召唤，

---

[1] 这篇演讲最初发表于1880年10月20日，题为 *Souvereiniteit in Eigen Kring* (Amsterdam: J. H. Kruyt, 1880). 完整的文章（省略了大量礼仪附言）可在英文版的＜领域主权＞中找到，见Abraham Kuyper, "Sphere Sovereignty," in *Abraham Kuyper: A Centennial Reader,* ed. James D. Bratt (Grand Rapids: Eerdmans, 1998), pp. 461-90. 将领域主权作为理论进行最全面的研究的是J. D. Dengerink, *Critisch-historisch onderzoek naar de sociologische ontwikkeling van het beginsel der "souvereiniteit in eigen kring" in de 19e en 20e eeuw* (Kampen: Kok, 1948). 稍简洁一些的英文分析，可参考Bob Goudzwaard, "Christian Social Thought in the Dutch Neo-Calvinist Tradition," in *Religion, Economics, and Social Thought,* ed. Walter Block and Irving Hexham (Vancouver: Fraser Institute, 1986), 以及 James W. Skillen and Rockne M. McCarthy, eds., *Political Order and the Plural Structure of Society* (Atlanta: Scholars, 1991).

[2] Kuyper, "Sphere Sovereignty," p.467,

而只是一种社会哲学最基本的开端。

那么，这充满诗情画意的"领域主权"到底是什么呢？凯波尔的演说主题极其丰富，完成了大量工作。在相对简短的范围内，通过丰富的图像与隐喻，他将这些内容悬在脚手架上，我们也需要花点功夫才能明白。要找出其中起作用的核心假设则需要花更多的力气了。但有一点非常清楚：演说是为了启发，包括赫尔曼·杜伊维尔（Herman Dooyeweerd）在内的许多人也受到了启发。50 年后，杜伊维尔将凯波尔的建议阐述为一套系统的存有与人类行为的哲学。[3] "领域主权"作为一种政治哲学也发挥了更直接的作用。事实上，从数量上看，这才是演讲的主要意图。但这个政治哲学以历史叙述的方式讲述，是一种关于世界历史的英雄主义叙述。在世界历史中，终极价值危如累卵，而凯波尔演讲对象中的一小群信徒在世界历史的终极行动中发挥了至关重要的作用。认识论是这次演讲的另一个主要重点，其中凯波尔勾勒出了另一种感知与解释的模式；这在文化或社会心理处境中显得尤为丰富。[4] 本文将跳过这一块内容，将重点放在这次演说的政治理论上，并将其与凯波尔别的主题进行比较，就是他在另外两个重要时刻提出的主题：一个是在他生涯的早期，另一个是在他的生涯晚期。如果说领域主权作为一种社会本体论理论通常带有政治潜台词，这就符合其初衷。但它与凯波尔在其他情况下提出的政治理论如何契合呢？

二

第一个重要时刻是在此次演讲的 7 年前，也就是 1873 年的大选后期，凯波尔前往荷兰的大学巡回演讲，为他想要建立的新兴政党招募年轻领导人。另一方面，可能会有人提到那一年是 1848 年，即荷

---

[3] Herman Dooyeweerd, *De Wijsbegeerte der Wetsidee,* 3 vols. (Amsterdam: H. J. Paris, 1935-), 英译本为 *A New Critique of Theoretical Thought,* 4 vols. (Philadelphia: Presbyterian and Reformed, 1953-58).

[4] Abraham Kuyper, "Sphere Sovereignty", in *Abraham Kuyper: A Centennial Reader*, ed. James D. Bratt (Grand Rapids: Eerdmans, 1998), pp.481-488.

兰宪法颁布 25 周年，但凯波尔的选区的支持者对那座纪念碑几乎没有好感。他选择完全忽略宪法，转而追求宪政根源。他演讲的标题为《加尔文主义——宪法自由的源泉与堡垒》[5]；这就是他寻得的根源。凯波尔煞费苦心地阐明，这种"加尔文主义"包含了神学上的细节，而不仅仅是其导师范普林斯特勒（Guilliame Groen van Prinsterer）所支持的政治基础上的一般性改革。范普林斯特勒是一位十分重视荷兰传统标志的史学家；而与他不同的是，凯波尔的演讲完全绕过荷兰，贯穿了国际加尔文主义编年史。若范普林斯特勒与凯波尔同龄，凯波尔所援引的先例绝对会让他深感不安。凯波尔的最终目的是为当地的党政招募："我希望……至少荷兰的年轻人不会附和过去的诽谤……认为我们荷兰加尔文主义者是反动政党！"[6] 但为了达到这一目标，他不得不压制听众与他的导师对政治革命的本能反感。这篇演讲确实提出了稳定与秩序的论点，但为达到这一目的，则需经历一段反抗、反叛与革命（良善的基督教革命）的历史。

凯波尔在演讲最后提出的加尔文主义的细节，就是神的绝对主权与人类罪恶的普遍性。[7] 正如复辟期天主教（Restoration Catholic）理论家与路德宗理论家所主张的那样，凯波尔非但没有支持君主制，反而坚称这些信条应该指向共和政体。第一，神的威严不容人模仿；共和主义与反偶像主义在政治上是对应的，两者都根植于加尔文主义对偶像崇拜的厌恶。第二，因人类的败坏，君主确实特别容易出状况。凯波尔引用加尔文的话嘲讽道："他（加尔文）知道民众身上也渗透着一样的罪。因此，除非宪法限制权力滥用、设置限制，并在权力欲望与霸权欲望面前为人们提供自然保护，否则反抗与叛乱、暴乱与麻烦将永无止息。"[8] 范普林斯特勒认为加尔文是一位君主主义者，不

---

[5] 本文大部分内容可见英译本，Bratt, *Abraham Kuyper*, pp. 279-317. 最初发表的标题为*Het Calvinisme, oorsprong en waarborg onzer constitutioneele vrijheden* (Amsterdam: B. van der Land, 1874).

[6] Abraham Kuyper, "Calvinism: Source and Stronghold of Our Constitutional Liberties," in *Abraham Kuyper: A Centennial Reader*, ed. James D. Bratt (Grand Rapids: Eerdmans, 1998), p.317.

[7] 他在文本第307-310页讲明了此点。

[8] Kuyper, "Calvinism," p.310.

情愿地接受了日内瓦的共和主义。但凯波尔与范普林斯特勒的观点相反。他坚称："如果可以自由选择，加尔文当然更偏向共和政体。"[9] 接下来的两步让他走得离他的导师更远了。范普林斯特勒通常回避神拣选的教义，以免在荷兰新教徒阶层中引起纷争，但凯波尔则援引该教义作为"教会治理的民主形式"的宪章，并明确提到公民政府。[10] 拣选的教义对人类的一切骄傲有校平的作用，使得民主对加尔文主义而言十分安全；借着信徒内心反抗自私自利的道德纪律，该教义使加尔文主义者对民主而言也十分安全。

　　然而，在这篇演讲中起主要作用的不是神学，而是历史叙述，因此凯波尔选择的案例研究生动有效。他按时间倒序先讲了美国是自由与基督教节制（Christian sobriety）的典范，再回到英国的清教徒主义，然后跨过英吉利海峡，来到法国的胡格诺派（Huguenots），最后越过瑞士边境来到日内瓦。当时，加尔文就是在日内瓦将预定论与民主政治联系起来。随后，西奥多·伯撒（Theodore Beza）为胡格诺派在法国宗教战争期间的武装抵抗辩护。凯波尔提醒听众，他们的反抗是**依据宪法**对**暴君**的抵抗，但这也带来了范普林斯特勒永远无法赞同的暴力反抗。范普林斯特勒将埃德蒙·伯克（Edmund Burke）的著作提供给凯波尔，帮他准备这次讲座。但凯波尔回来询问胡格诺派的资料时，范普林斯特勒就坦率回答说，自己的图书馆里没有。[11] 凯波尔在演讲中强调，所讨论的作者 [伯撒、霍特曼（François Hotman）、朗格特（Hubert Languet），可能还有莫尔纳（Philippe du Plessis-Mornay）] 将反抗的权利限制于正式任命的领导人、级别较低的地方官员。后来的史学家提出，他们的这一概念对现代政治理论的发展极

---

[9] Kuyper, "Calvinism," pp.304-306; Quotation on p. 305.

[10] Kuyper, "Calvinism," pp.309-310.

[11] 见 Groen's letter to Kuyper of September 2, 1872, in A. Goslinga, ed., *Briefwisseling van Mr. G. Groen van Prinsterer met Dr. A. Kuyper, 1864-1876* (Kampen: Kok, 1937), pp. 194-95. Jan W. Sap, *Paving the Way for Revolution: Calvinism and the Struggle for a Democratic Constitutional State* (Amsterdam: VU Uitgeverij, 2001), 他批判性地指出了普林斯特勒对胡格诺派反抗理论的反对，见 pp. 294-95.

为重要。[12] 然而，在按时序提到法国时，凯波尔不得不提一场持续不断、血腥激进的系统性的叛乱，这场叛乱足以被称为革命（只是未成功而已）。而 17 世纪英国清教徒主义的情况并不仅限于此。清教徒革命包括暴力起义、弑君、破坏教堂财产、（爱尔兰）乡村的恐怖活动以及因不稳定而带来的军事独裁，还有凯波尔没有提到的许多类似法国大革命的特征。于他而言，清教徒革命是一场被准许、甚至值得赞扬的革命；这场革命的文件与克伦威尔新模范军（Cromwell's New Model army）的良好纪律便证明了这一点。[13]

凯波尔之所以绕过这些令人不安的部分，是因为在胡格诺派与清教徒的案例中，他最关注的是教会，而非公民政治。这说明，于凯波尔而言，在众"宪法自由"中，宗教自由居于核心地位，这也符合他当前的辩论议程。就在演说之前，作为当地牧区牧师的凯波尔提出了改革阿姆斯特丹教堂安排的提议，但遭到否决。[14] 因此，荷兰的教会等级制度令他沮丧。在演讲中，他将此归咎于胡格诺派在军事紧急情况下为政治需要而采纳这种等级制度。接着，他称赞英国独立派对"加尔文主义原则"大胆而恰当的调整，使之适应自己的时代与地区。不像其对手长老会，试图引进外来的法国体系，认为"加尔文主义是一种僵化的东西，其形式固定，因此形式可有可无"。凯波尔总结道，在这场战斗中，独立派不仅取得了巨大成功，而且对加尔文的主张也更加明确——"加尔文坚决反对恪守某种固有形式"。凯波尔的理想是建立一个"自由自治的会众群体，与教会议会间建立一种自愿而非强迫的关系"。他认为这种理想会获得加尔文本人的认可。凯波尔认

---

[12] 对胡格诺派反抗理论的细致描述，见Julian H. Franklin, ed., *Constitutionalism and Resistance in the Sixteenth Century: Three Treatises* (New York: Pegasus, 1969). 对其发展与意义的追述请参考昆汀·斯金纳（Quentin Skinner）的*The Foundations of Modern Political Thought,* vol. 2 (New York: Cambridge University Press, 1978), pp. 239-348以及约翰·威特（John Witte）的*The Reformation of Rights: Law, Religion, and Human Rights in Early Modern Calvinism* (Cambridge: Cambridge University Press, 2007).

[13] Kuyper, "Calvinism," pp.296-297.

[14] Jasper Vree, *Abraham Kuyper als Amsterdams predikant (1870-1874)* (Amsterdam: HDC, 2000), pp.42-44, 46, 54-58.

为，旧英格兰与新英格兰清教徒同样很好地意识到了"国家与教会分离"的重要性，这必然遵循"加尔文主义原则"。[15]

新英格兰的案例使凯波尔得以回归合理的公民政治，并使他论点的前景变得乐观。"现代自由在美国不受限制地蓬勃发展"、"美国人民比世界上任何其他国家的人民都更具鲜明的基督教印记"，这些都是不容置疑的事实。凯波尔认为，这并非巧合，而是一种扎根于美国清教徒渊源的因果关系。因为当时的标准历史（以及后来几代人的历史）都有同样的假设，所以凯波尔有很多资料来支持"新英格兰"与"美国"之间的这种因果关系下的合并。与此同时，他典型的有机社会学也发挥了作用。至1776年，新英格兰的文化复杂性与当地的人口数量使其成为一个特殊的少数民族。但无论如何，新英格兰仍代表着"这个国家的核心"；尽管在随后的一个世纪里，美国通过西部运动、内战与工业化有了惊人的发展，但美国的核心信念与集体特性仍保留着最初的清教徒印记。然而，为了使这一主张更加可信，凯波尔的"加尔文主义"不得不将一切认信的细节置于脑后（他甚至把卫斯理派也包括在内！），并采取足够的弹性成为一种广泛的文化模式，包含了道德的诚挚、健康的企业、中产阶级的纪律和公众对宗教的尊重。[16] 这样一来，他就可以反复强调自己的观点：现代自由的精华并非法国大革命的成果，而是加尔文主义的成果。

他用华丽的辞藻对面前的学生说道："我们是抗革命之人（Antirevolutionaries），但这不是因为要拒绝革命时代的成果，而是因为我们手拿历史书敢于挑战这些美好事物的真伪。虽然革命充满罪恶，但也给欧洲带来了许多益处。不过，这是偷来的果实。真正使这果子成熟的是加尔文主义的枝干，由殉道者的信心滋养而成。这先在我们自己国家的土地上生长而成（他现在以此来代替之前详述的胡格诺派

---

[15] Kuyper, "Calvinism," pp.293-301; 引文在293, 294, 306, 300页。

[16] Kuyper, "Calvinism," pp.286-292; 引文在 286, 289页。凯波尔借鉴美国历史的方法与错误，请参考James D. Bratt, "Abraham Kuyper, American History, and the Tensions of Neo-Calvinism," in *Sharing the Reformed Tradition: The Dutch–North American Exchange, 1846-1996,* ed. George Harinck Krabbendam and Hans Krabbendam (Amsterdam, 1996).

的例子），然后在英格兰，随后在美国结出果实。”凯波尔不得不
遗憾地承认，在欧洲，“许多被加尔文主义拒绝的事物，却受到法国
自由英雄主义热切的追捧”。然而，这种替代事物是不可取的，连同
加尔文主义的自由……（法国大革命）引进了一套体系，一套教理问
答，一套教义，以此反抗神和祂的公义，破坏了律（law）与秩序纽
带，侵蚀了社会的基础，使激情自由发挥，使地上的领域统治灵魂。”
积极来说，只有加尔文主义提供了“道德因素”、“英雄式信仰”以
及长年以来成为“低级别地方官员”适当延伸的中间机构。所有这些，
并且只有这些，共同赋予自由以秩序，从而确保了自由的永存。[17] 总
而言之，凯波尔认为政治宪政是加尔文主义革命的成果。

三

七年后，即 1880 年秋，凯波尔在＜领域主权＞的演讲中又重述
其中一些主题。这次，他不是在其他大学，而是在自己创办的大学发
表演讲。虽然他是在荷兰新教大教堂 [即阿姆斯特丹的新教堂（Nieuwe
Kerk）] 的讲坛上发表演讲，但代表的是这片土地上被时间与权力所
遗忘的卑微信徒。然而，对于这群人来说，凯波尔是在拿未来的社会
与文化力量做赌注。因此，为了让人相信地位等级的逆转是有可能的，
他的演讲必须是颠覆性的。与此同时，这次演讲必须建立一个既动态
又稳定的长期本体论秩序。新大学培养出来的领导人将坚持自己独特
的宗教主张，同时在公共舞台上负责地发挥作用，为公共利益而努力。
与这些主题的张力相契合的是，这次演讲的荷文题目本身就很模糊：
"Souvereiniteit in Eigen Kring" 的意思到底是“主权在**其**范围内”，还
是“主权是**我们的**范围”？文本对两种含义都有明确阐述。以主权为
主题、以秩序为前提，憎恶暴政、怀抱激情，排演了熟悉的神的拣选
与民主之间的结合。跨越了这些形式“原则”（formal principles），
凯波尔还速览了世界史、民族史、荷兰宗教改革与复兴运动（Réveil）

---

[17] Kuyper, "Calvinism," pp.298-299, 313, 314, 312.

史；这一切都交织在一起。

借着提出现代早期政治哲学的控制比喻，凯波尔尽早阐明了"领域主权"的目的，即绝对且不可分割的主权。法国加尔文主义者的抵抗一方面引发了这一主张，同时也深受其害。因此，凯波尔将这种位于人类无法企及之范围的主权，唯独置于神的手中，并从神那里折射出许多区域性的人类主权。凯波尔坚称，直到末日审判，基督在荣耀中再来时，这些东西才会重新汇聚。因此，任何自称拥有统一主权的人，其实从表面上看都是亵渎神的，在实践中必会带来灾难。凯波尔以诗人的方式如此说：从凯撒专政到哈布斯堡王朝（Hapsburgs）、波旁王朝、斯图亚特王朝的迫害，直到当代的状况（一方面是革命性的人民主权论，一方面是黑格尔式的"国家即内蕴之神"的概念），彻底体现了世界历史的黑暗面。[18] 从历史上看，对这些冲击的解决之法就是依据宪法来限制权力的集中化或行使，尤其是权力的分立与平衡，正如孟德斯鸠的理论推定和美国宪法所实施的那样。但凯波尔这次完全绕开宪法措施；相反，他假定人类生活的离散与自治领域，在本体论层面上复制了政治中权力的分离与平衡。因此，抵抗统一之兽（unitary beast）的最有希望的基础是在神所赐的创造与有机社会的进化中，而不是在一纸文书或某个正式职位中。

尽管凯波尔关于存有本质的主张是以神学为中心的，也提出建立一所完整的且有特色的基督教大学，但"领域主权"源自非常有限的圣经证据，其神学阐述也很罕见。凯波尔再次诉诸历史，但现在是用一套不同的例子，用一种不同于之前演讲的方法。通俗地说，在<领域主权>的演讲中，一直是反派角色掌握着历史的高潮——统一之兽大行其道，与之较量的是既勇敢又颤惊的自由英雄。相较于《加尔文主义与宪法自由》，荷兰此时借着海上丐军（Sea Beggars）、篱笆牧者（hedge-preachers）、宗教改革和复兴运动发起了更多的抵抗。但总的来说，这些都很难证明凯波尔所歌颂的各领域和谐荟萃的理论的可取性或将来的可能性。[19] 他在这方面所能列举的最有力的先例，

---

[18] Kuyper, "Sphere Sovereignty," pp.469-471; 引文在466页。
[19] 中注：海上丐军是指1566年后在荷兰地区由加尔文主义者领导的反抗西班

是使人回想中世纪晚期低地国家所特有的那种"充满荣耀的高贵生活，在日益丰富的公会组织、秩序与自由群体的有机体中，展现了领域主权所暗指的所有能量与荣耀"。[20]

　　为什么没有理论家出现来解释并证明这一秩序的优点呢？其实有一位，而且是以加尔文主义为基础的！他就是加尔文主义最佳纲要的作者约翰内斯·阿尔色修斯（Johannes Althusius）。他持反保皇主义思想（*Politica Methodice Digesta*；1603），在17世纪前25年，担任埃姆登的市政官。当时这个城市被称为"北方的日内瓦"，对新兴的荷兰共和国及其改革宗教会产生了巨大的影响。[21]诚然，靠着他的著作、市政府与教会的角色，一些历史学家将阿尔色修斯尊称为埃姆登的约翰·加尔文。其联合政治（consociational political）理论有意回应了博丹（Jean Bodin）的统一主权（unitary sovereignty）理论，有些东西甚至与凯波尔主权领域的社会十分相像。在阿尔色修斯的思想中，人性之间具有不可磨灭的联系性，因此从一开始就排除了个人主义，使群体成为社会的构成要素。凯波尔的社会本体论也是如此开篇："我们人类生活……如此结构化，以致个体只存在于群体中；只有在这样的群体中，整体才能显现。"[22]

　　阿尔色修斯继续说道，每个人类组织都因其最初目的被赋予能力，得以蓬勃发展，但也受到该目的的固有限制，以便不侵犯其他组织（无论是同一领域的另一群体或毗邻领域的人类活动）。通过赋予较小单位以决定权，将某些权力由上层下放给下一层人类互动的关系。这些小单位（而不是其中的个体）仍然是大组织的组成部分。因此，个人是大家庭的成员，大家庭的领导者把他们的一些政治权力

牙统治的军队。篱笆牧者是指在荷兰宗教改革时期，低地国家（比利时、荷兰、卢森堡）地区带领会众进行户外崇拜的牧者；他们通常是在农村地区，以避免地方政府的干扰。

[20] Kuyper, "Sphere Sovereignty," p.470.

[21] 有关Althusius，请参考Frederick S. Carney的介绍以及Carl J. Friedrich为Carney翻译的Althusius's *Politics* (Boston: Beacon Press, 1964)所作的序，还可以参考James W. Skillen, "The Political Theory of Johannes Althusius," *Philosophia Reformata* 39 (1974): pp.170-190.

[22] Kuyper, "Sphere Sovereignty," p.467.

委托给市议员，市议员再任命市长与市政官。出于经济目的，公民加入同业公会；为宗教目的，加入教堂；为娱乐目的，加入俱乐部。随后，连续的中层组织将权力上传给更高层的组织：市组成省，省组成国家（nation），国家组成帝国（empire）。因此，人类社会是一个相联的金字塔。其中，权力仍然尽可能接近底层；没有被统治者的同意，任何级别的人都不能统治；人类生活的不同功能根据该功能的目的自由发展，而不是为了其他呼召。在这个金字塔中，最负责的决策是出于那些最有能力做决定并执行的人。此外，每一领域、每一级的当局都受到神圣律与自然律的约束，为组织设立规范。因此，联盟中的个体，如家庭中的父亲、城镇经济中的某个同业公会、美国某个州，会因违反同伴的信任而受到他们的惩罚；如果需要的话，也会受到上级的惩罚。

很难想象比这更友好、更有利的领域主权之先例。凯波尔为何没有使用呢？约拿单·卓别林（Jonathan Chaplin）认为，奥托·冯·吉尔克（Otto von Gierke，生于 1841 年，与凯波尔同时代）的著作使凯波尔对阿尔色修斯产生了怀疑。在＜领域主权＞发表的那一年，冯·吉尔克也出版了一本书，成功利用阿尔色修斯将德国演变为宪法国家。他认为这是推动德国历史发展的"联合制"（fellowship）与"贵族制"（lordship）、共同体与主权之间的内在辩证关系的最终综合。[23]当冯·吉尔克庆祝新建立的德意志帝国是法国自由意志主义与俄罗斯独裁统治的最终结合时，阿尔色修斯才与凯波尔所说的严峻危险产生关联。此外，在方法论上，冯·吉尔克将阿尔色修斯世俗化，将他的人际结合的进展（process）完全内蕴于该结合的驱动和上诉法庭。在这一解释之外，我们还需补充对凯波尔自身一些心理不适的推断。1880 年，"埃姆登"在凯波尔的脑海里产生了强烈的交叉压力。毕竟，这里是约翰内斯·拉斯科 (Johannes á Lasco) 的家；凯波尔的获奖

---

[23] 有关冯·吉尔克，请参考Antony Black在此书中的编辑简介: *Community in Historical Perspective: A Translation of Selections from Das Deutsche Genossenschaftsrecht* [1881], trans. Mary Fischer, ed. Antony Black (Cambridge and New York: Cambridge University Press, 1990), pp. xiv-xxx. 冯·吉尔克在1878年出版了*Johannes Althusius und die Entwicklung der naturrechtlichen Staatstheorien*.

论文就是讨论拉斯科的，这篇论文使他在研究生院时就已声名鹊起。然而，凯波尔在那篇论文中非常明确地一再支持拉斯科的教会论胜过加尔文的教会论。他的论点非常符合主办此次论文竞赛的格罗宁根神学系的宗旨。格罗宁根学派的文化民族主义与自由化神学渴望从荷兰本土获得资源，以此向日内瓦"法国思想家"的狭隘教条主义夸口。在独立战争期间，这位思想家的佛兰德（Flemish）追随者涌入未来的共和国，在这过程中使荷兰人难以忍耐。[24] 因此，格罗宁根把伊拉斯谟、阿米念与格老秀斯（Grotius）奉为本土荷兰精神。但凯波尔在写那篇专著几年后，在神学上坚定地转向了加尔文主义，这让为公民政府与教会部门而肯定埃姆登之价值的做法变得十分尴尬。

我们还必须回到最初的评述。被称为社会本体论与历史叙事的政治理论，在规划大学的演讲中有何作用？答案就在＜领域主权＞中对共和政治哲学的一个基本原则——美德是自由的堡垒——的强烈呼唤。对集权化统一权力的纠正不仅在于理论主权中的领域范围，还在于坚韧的公民——他们的道德力量可以使各个领域充满活力，足以抵抗权力的侵犯。在此之前，凯波尔强调，要抵制一个领域**内部**的恶化（尤其是其领导人对弱者的压迫与滥用权力），需要国家介入领域范围。更准确地说，这要求国家承担神圣的使命，纠正权力滥用，并重建正义。正是人们在各自角色中所表现出来的自律与自我牺牲的精神，阻止并抵御了中央集权主义的干预；但这种道德上的严谨在很大程度上取决于斗志。凯波尔重申道，若我们要与最终导致压迫的懒惰与腐败作斗争，我们必须盼望更美的生活方式。我们需要一个与霸权威胁所宣扬的愿景完全相反的愿景。换句话说，政治反抗与通往社会繁荣之路的核心在于文化，其中大学能且必须发挥关键作用。[25] 对凯波尔来说，自由大学是为了建立一种强有力的世界观，以对抗正逼近欧洲的唯物主义的霸权。这种唯物主义世界观将使一位忠

[24] 背景内容请参考Jasper Vree, *Abraham Kuyper's Commentatio (1860): The Young Kuyper about Calvin, a Lasco, and the Church, vol. 1* (Leiden: Brill, 2005), pp. 9-12.

[25] Kuyper, "Sphere Sovereignty," pp.468, 473-477.

信的改革宗余民（Reformed remnant）变成集体性的参与者（collective player），其力量丝毫不亚于世俗自然主义所激发的能量，甚至有一天会更具诱惑。与此同时，大学学者就现代生活中迫切需要解决的问题进行深入研究，以便从基督教的观点阐明可供选择的政策。<领域主权>为基督教公共知识分子颁布了使命，呈现了舞台。

四

从这个角度来看，凯波尔后来发表的对学者作为公共知识分子的批判，的确令人震惊。此事发生在 1908 年，就在凯波尔的愿景催生了一系列机构，并开始小有成就之后。凯波尔任教 20 年的自由大学，现在正在众多学科领域中扩展其教员与学生队伍。其毕业生在各行各业的排名不断攀升，其顾客群体也颇有成效地参与对自由大学教师适时推出的有关艺术、经济、神学与政治的著作的讨论与应用。抗革命党（Antirevolutionary Party）的人数有所增加，其部分政策提案也被纳入法律，那时已是第三次主导政府。凯波尔仍是该党的中央委员会主席与《标准报》（De Standaard）的编辑。但在第三届抗革命党内阁中，凯波尔并不是首相，党员也有其他报纸可读，其中一些党员甚至会尖锐地批评他的领导。新一代领导人也在党代会上发表这些批评意见。事实上，这群人在 1908 年透过操控一系列意想不到的形势，以近乎政变的方式成功接管了政府，有意将凯波尔挤出内阁。在这种背景下，凯波尔发表了一系列题为《我们的本能生活》（Our Instinctive Life）的文章，阐述了第三种不同的政治观点及其本体论的基础，[26] 倡导魅力型领导，强调领导与大众意志的有机联系。

凯波尔本书开头高歌动物世界的本能力量。这就是他的"蜜蜂寓言"。更准确地说，应该是"蜘蛛寓言"，因为他对蜘蛛的着迷可以

---

[26] *Ons Instinctieve Leven*以书籍的形式出版（Amsterdam: W. Kirchner, 1908），就在同年早些时候，其第一份报纸开始运行。相关争议背景请参考 Dirk Th. Kuiper, *De Voormannen: een social-wetenschappelijke studie* (Meppel: Boom, 1972), pp. 245-51 and 345-47.

与 200 年前的约拿单·爱德华兹（Jonathan Edwards）相媲美。凯波尔继续说道，昆虫的智慧是神智慧的体现，普通人的实用职能、技能与知识更是如此。凯波尔现在认为，通过"反思"与书本学习而获得的知识是"人为的"、暂时的；这与他在＜领域主权＞中所表达的对前沿学术的欣喜之情有着巨大的反差。正如《哥林多前书》第十三章所应许的那样，我们在将来的世界所得到的"完美"知识将是"自然的、直接的、一次就完全的"。这更像是日常生活的实际直觉，而不像是学者的系统扼要表述。[27]

我们在这里可以确认凯波尔很早就提出的一个话题，就是在他于 40 年前最早的有关文化的演讲《整齐划一：现代生活的诅咒》中所提出的。但在 20 世纪初，这也属于在大西洋两岸最近才出现的一股生机论者（vitalist）的抱怨之流，不管是左派、右派还是中间派，都在抱怨。[28] 资产阶级文明正以其科学与工业的铁律、城市生活与商业管理的固定模式，击碎独特性与活力，摧残个人与民族，耗尽生命力与想象力，腐蚀动物的优秀品性（virtues），践踏那些赋予人生存价值的神圣呼召。凯波尔重复了此类抱怨。在城市及其喧嚣中，传统乡村生活的丰富色彩与多样性逐渐凋零；在文明的进步下，世代相传的集体智慧正让位给了"规划、乏味、单调、量化与形式化"。这种常规化甚至逐渐渗入抗革命党，凯波尔也承认这是不可避免的。但必须警惕这种倾向，以免神圣的事业屈服于"灵性衰落与情感贫乏"。[29]

我们将会看到，凯波尔在发表这篇论辩时有一个非常实际的目标，但同时也在解决现代流行运动的一个问题。马克斯·韦伯（Max

---

[27] Abraham Kuyper, "Our Instinctive Life," trans. John Vriend, in *Abraham Kuyper: A Centennial Reader*, ed. James D. Bratt (Grand Rapids: Eerdmans, 1998), pp.257-259; 引文在258页。

[28] Bratt, *Abraham Kuyper,* pp. 19-44的英文翻译中出现的"整齐划一"（uniformity）原文是*Eenvormigheid*，出现在*Eenvormigheid: De Vloek van het Modern Leven* (Amsterdam: H. de Hoogh, 1869)。有关对现代性不满的诸多研究，请参考W. Burrow, *The Crisis of Reason: European Thought, 1848-1914* (New Haven: Yale University Press, 2000), 还有 T. J. Jackson Lears, *No Place of Grace: Anti-modernism and the Transformation of American Culture, 1880-1920* (New York: Pantheon, 1981)。

[29] Kuyper, "Our Instinctive Life," p.268.

Weber）与乔治·索莱尔（Georges Sorel）在同一时间也分别针对这个运动提供解决之法。借用韦伯的词藻来表述，凯波尔欲要遏制魅力型权力向官僚型权力的过渡，尽他所能地将这个过程拖得长久。为此，他一开始就为自己在党内建立的程序模式辩护，反对抗革命党内年轻一代土耳其人（Young Turks）提议要建立的新模式。首先，他们希望政策制定更具协作性，向所有党员开放，由初级干部领导的学习与讨论团体，如此就能确保抗革命党所倡议的方式与目的都具民主性。他们还提议让专业技能在政策制定与议会工作中发挥更大作用。也就是说，用训练有素的律师与社会科学家的专业知识，取代政党领导层神职人员过于笼统、简单的声明。[30] 要知道，倡导这些变革的新兴领导人都是在凯波尔的大学接受过培训的人，践行凯波尔对他们的托付：对现代问题进行密切研究，以便让一般的抗革命党原则在现实中得到贯彻落实。

　　凯波尔现在已经不追求这方面了。他宣称，世界上有三种人：大多数人以实践智慧为生；其次是为数不多的真学者，他们全神贯注地研究，从而洞察事物的深处；最后是浅薄学问的闲聊阶层，脑子里只有教科书的二手知识，却自诩高人一等，实则缺乏其他两类人的优点。凯波尔继续说道，最有可能逃脱这一危险的专业人士，实际上是神职人员，他们"将本能生活与反思性生活紧密融合"：讲道工作使他们每周都能学到渊博的知识，而牧区的职责使他们每天都能接触到普通人最真实的生活。如今争夺领导权衍生的"两栖类"根本不了解那些受邀参加政策会议之人的真实生活，否则他们一定会晓得自己所提的建议何等错谬。对凯波尔而言，称赞平民的同时，也要让他们懂得划分自己的"领域边界"。光靠平民的直觉知识，他们既不能也不会真正参与政策制定。如若遇到对立意见的提案，"非学术公众"的作用是"以自己的本能生活为试金石，然后将其余的交给领导者"。[31]

---

[30] Dirk Th. Kuiper, *De Voormannen: een social-wetenschappelijk studie* (Meppel: Boom, 1972), pp.246-247; 在Kuyper, "Our Instinctive Life," pp.270-271中，凯波尔讽刺性地提到了这些建议。

[31] Kuyper, "Our Instinctive Life," pp.263, 267-268; 引文在267-268页。

　　然而，这种联系需要充满活力，并真心实意。尽管凯波尔诉诸习俗与传统，但他也意识到自己在政治上要有现代性，这也是他成功的关键。在文章中，他完全以第三人称写作，用一种天真含糊的语言陈述了通往其执政的两条道路。在这一系列关于本能天赋的初步讨论中，凯波尔认为艺术家实际上"极具**天赋**，是真正的**天才**"。凯波尔刻画了一个有魅力的演讲者会如何做，并在这过程中留下了一幅自画像。许多观察者也证实了这一点："他在演讲开始前就座，感受他的灵魂与听众的灵魂之间的碰触。一开口，他的话几乎就自动流淌出来，思想自然迸发，一幅幅景象展现眼前；这就是行动中的心理艺术。**天才**更是如此。他不拖泥带水，也不吹毛求疵；他不斤斤计较，也不用大费周章……通过精神上的 X 光透视，他能看穿门和墙；别人费力徒劳摸索的珍珠，他几乎轻而易举就能得到。"[32] 因此，在凯波尔的类型学中，除了平民、学者与次生知识分子（derivative intellectual）三种类型，还有第四类人——天才，他们提出政策提案、社会研究、政治理论与战术考量，并将这些编织为雄辩动人的陈述，与"他们自己（普通选民）在本质上的本能感觉"完全一致。[33] 凯波尔断言，普通人所看重的领导能力远不止研究委员会的职位而已。

　　然而，在现代政治竞争中，魅力不可能只是偶尔存在，而要非日常程序化地安置于普通的党务工作中。在解释如何应对这一挑战时，凯波尔采用了另一法国资料——这次并不是加尔文或反抗理论家（resistance theorists），而是古斯塔夫·勒庞（Gustav Le Bon）与他对人群心理的研究。[34] 勒庞回顾了长久以来对法国大革命传统的怀疑态度，描述了人群如何用自己的意志与思想来扫除其个体成员而变成自我存在（being in itself）。对凯波尔来说，这成了抗革命党代表会（由凯波尔建立的政党代表大会，在每两年一次的选举旺季举行）的理论依据。凯波尔解释说，通过这些会议，偏僻地区的村民代表开

---

[32] Kuyper, "Our Instinctive Life," 260.

[33] Kuyper, "Our Instinctive Life," 267.

[34] 凯波尔引用并发展了 Le Bon 的 *La psychologie de foule* (Paris: F. Alcan, 1895) 中264-266页的主题。

始知道，自己是多么积极地参与民族运动。一份书面的原则陈述就这样成了活生生的信仰，竞选平台成为通往美好未来的阶梯。毫无疑问，天才的雄辩术在这场戏剧中也有其作用；但它必须是戏剧性的。"正如**群众心理**所需要的，一个政党必须具备一定的手段，将冷静的现实主义变为热情，将冰冷的算计转化为神圣的激情……正是由于这些会议所散发的力量与活力，我们才成为今天的我们。"技术专长是扫罗的盔甲，而将领袖天才与忠信之人联系在一起的本能直觉纽带才是击倒巨人的石头。[35]

诗人凯波尔在历史叙事中阐述了自己的政治理论。这些正当需求的革命中的第一个是由级别较低的地方官员根据宪法领导的。第二个是号召有远见的知识分子来振兴并调解机构。第三个革命是高歌魅力型领袖与大众意识之间的有机联系。此三合一的第二部分，也就是所谓的"领域主权"，可能会惯例化地变成地方保守主义（在荷兰新加尔文历史上确实如此）。不过要想领悟凯波尔的完整愿景与他灵感的魅力，其他两部分内容也不容忽视。当然，革命与个人魅力都是非常危险的未知数；领域主权的任务就是对它们予以管制。但是，它们的热情以及所带来的希望对领域主权保持活力是十分必要的。

---

[35] Kuyper, "Our Instinctive Life," 275-277；引文在276-277页。

第四章

凯波尔、新加尔文主义与当代政治哲学

戈登·格兰姆 (Gordon Graham)

一

在普林斯顿第三场《加尔文主义讲座》上（<加尔文主义与政治>），亚伯拉罕·凯波尔曾大胆断言"不以特定的宗教或反宗教概念为基础的政治方案，从不会成为主导"。[1] 借着此单一主张，凯波尔在他的立场与当代政治哲学（至少是主流自由民主派）之间划出了一个巨大鸿沟。当代政治哲学以约翰·罗尔斯（John Rawls）为主，明确将政治正义与所有生活的整全概念分离，无论是宗教的还是反宗教的。正如罗尔斯所言："若撇开任何更大、更全面的宗教或哲学学说而予以独立探讨，那么正义的概念就是政治性的。"[2] 他继而说道："也就是说，在探讨基本正义的宪法本质和问题时，我们不可诉诸整全的宗教与哲学学说（即使这些信条被个人或团体成员奉为全备真理）。"[3] 与之形成鲜明对比的是，凯波尔恰恰就是要根据整全的宗教信条，即他作为个人所坚信的"全备真理"，来谈论宪法本质。

鉴于两者截然相反的出发点，我们当如何看待凯波尔的新加尔文主义政治观与当代政治哲学之间的关系呢？这里有多种答案。首先，我们只能将凯波尔视为 21 世纪初政治哲学的对话伙伴。因为时过境迁，他的世界不同于我们的世界。罗尔斯本人也暗示了类似的态度，以捍卫他对有序社会的严格政治观。他指出："民主社会中存在合理的宗教、哲学与道德学说的多样性是公共文化的一个永久特征，而不仅仅是稍纵即逝的历史条件……只有根据宪法行使政治权力，我们对政治权力的行使才是合宜正当的。**所有**公民必须依据他们认为合理并理性的原则与理想，来支持宪法的本质内容。"[4]

在对政治权利合理正当行使的解释中，凯波尔诉诸加尔文主义世界观；这显然无法满足以上条件。原因很简单，绝大部分现代公民都

---

[1] Abraham Kuyper, *Lectures on Calvinism* (Grand Rapids: Eerdmans, 1931), p.78. 中注：此书中译本为，凯波尔，《金石之言——从加尔文主义论宗教、政治、学术和艺术》（台北：改革宗出版社，2018）。

[2] John Rawls, *Political Liberalism* (New York: Columbia University Press, 1993), p.223.

[3] Rawls, *Political Liberalism*, p.225.

[4] Rawls, *Political Liberalism*, pp.216-217.

不是加尔文主义者。2008 年政治世界与 1898 年的政治世界有着天壤之别。因此，凯波尔的演说绝不是针对今天的世界。

当然，这种回应有个许多人不赞同的前提，即凯波尔的世界不如我们的多元化。毕竟，正是因为有太多对手进入这片领域，他才重申加尔文主义世界观的优点。鉴于此，有理由认为价值多元主义是**自我形象**（self-image）的一个特征，而不单单是当今世界的**实际**。无论如何，历史变迁这一理由不足以让我们低估凯波尔的观点。他的主张在一定程度上是关于政治方案的**可行性**。正是这些政治方案为政治思想赢得忠诚，从而在现实政治世界中产生影响。如果在这点上凯波尔是对的，那么罗尔斯的推测，即宗教、道德和哲学信条的多样性是公共文化的一个永久特征，就是错的。从中我们可以明白，相比罗尔斯的乐观论断所暗示的，这种自由主义（其可信性依赖于文化多样性的现象）更易改变。在此，我们与伊斯兰原教旨主义所带来的一种观点产生了极大的共鸣，即 1980 年代的自由乐观主义确实是错误的。对立于弗朗西斯·福山（Francis Fukuyama），我们并非临近历史的终结或人类的末日。

无论如何，关于过去时代道德多样性的历史辩论，以及对其文化持久性的猜测，都没有触及凯波尔与当代政治哲学分歧的核心。凯波尔的信念远超以上所引的那句话；他不仅相信全面的宗教或反宗教学说有更大的政治影响，还相信这些学说相比有限的公共理性概念（如罗尔斯的主张），为社会秩序提供更好的理论基础。当然，他在普林斯顿演讲的目的是要表明加尔文主义是所有学说中最好的；但就与当代政治哲学的冲突而言，这是次要问题。在我看来，另一个次要问题是，在发展基于"重叠共识"（overlapping consensus）的"公共理性"（public reason）的基本概念时，罗尔斯越来越多地把他的观点建立在欧洲政治史的历史偶然性上。自由主义的精神被更广泛地考量，罗尔斯对此也给出了具体的阐述，将之对立于加尔文主义者、共产主义者、自然法理论家等，肯定了政治中某种道德中立的优越性，提出应该宽泛看待而不考虑历史和地理的特殊性。因此，这两种立场之间真正争论的其实集中于这样一个哲学命题：政治制度与实践最好是建立在像加尔文主义这样的整全世界观的基础上，还是应该以政治自由的名义避开一切类似世界观呢？

可惜，若凯波尔与当代政治哲学之间的辩论仅此而已，这场辩论便毫无新意与启发。因为在过去 30 年甚至更久以来，现代自由主义所拥护的那种政治中立的优缺点已被反复讨论。你能想到的，前人早已说过；因此，对凯波尔的再探实难别出心裁。然而，此篇文章是为论证，作为凯波尔政治思想中一个极其鲜明特征，"领域主权"的概念对当代政治哲学的确会有重要的新贡献。然而，我们需要把此问题放在更广泛的背景下，才能更好地理解这个概念。

二

对欧洲政治史面貌的一个普遍理解就是，一直到近段时间，所有政治社会都可分为统治者与被统治者两类。当然，任何一个复杂的社会总会产生中产阶级，由各种各样的行政人员、税务员和官僚组成，就像在巴比伦帝国一样，可能是一个非常广泛的阶级。不过，这种中产阶级无疑也隶属于"被统治者"一方。他们的存在并没有改变潜在的政治结构。在这种结构中，统治者靠权力赋予被统治者可能享有的权利与自由。而统治者应得的财富与权力来自它处，可能是通过征服、世系或神圣授命来获得。

根据这种相同的概貌，各类巨大差异的影响因素和历史事件最终会导致统治者与被统治者的关系发生根本转变，乃至完全颠覆。约翰·洛克（John Locke）在其《政府论：下篇》（*Second Treatise of Civil Government*）中阐述了这种逆转；此著作可以说是政治自由主义的奠基之作。统治者如今被理解为，他们的权力应归于被统治者，可以在源于"社会契约"的基础上合理地使用高压政治。借着"社会契约"，"人民"将其自卫与报复性惩罚的自然权利转移给"行政官员"。如此，这在理论上产生了一个正当的"自由"国家，就是一个拥有强制权力的机构；它的权力来自受其支配之人先于政治的权利，其唯一独立的正大理由是对这些权利之保护的充分性。

洛克的言辞略显含糊，仿佛"契约"是发生在很久之前的一次性事件。这种假设随即引发了一些关键的重大问题。契约立于何时？即或这个问题有令人满意的答案，但既然当代人人并未参与立约，前人所立之约怎能建立一种政治关系来约束当代人？洛克的回答是用一种"理想化"的契约来扩充这个历史概念。公民仅仅为了生活在社会中并从社会获益，而"默许"此"理想化"的契约。休谟在其《论原始契约》（*Of the Original Contract*）中猛烈抨击的正是这个观点。通过反复的民主选举授权而达成的统治者与被统治者之间社会契约的更新，通常被认为可以解决这些问题。如此，自由主义与民主主义就结成了一个哲学联盟；此联盟如此强大，以致这两个词时至今日仍在彼此阵营中不断出现。在民主制度下，个人人权既是强权政治权力的基础，也是其制约手段。

相类似的便是在这种历史 / 概念背景下，另一位著名当代政治哲学家尤尔根·哈贝马斯（Jürgen Habermas）提出了"公共领域"（the public sphere）的概念，即"一个可以形成如公众舆论这样事物的社会生活领域"。[5] 这个公共领域是记者和政治活动家的聚集地，却不是这些人的专属领地。任一公民，包括担任政治职务的公民，只要"在不受胁迫下面对一般利益的事务"，都可以参与公共领域。[6]

在统治者与被统治者之间引入公共领域的概念，这形成了一个三层社会或政治结构。

> 第一部现代宪法中有关基本权利的章节，如此描绘公共领域的自由模式：这些基本权利保障社会为私人自治的领域；与其相对的是公共权力（仅限于少数功能）；在两者之间，则是私人领域（私人聚在一起就组成公众）。私人作为国家公民，根据资本主义社会的需要可以对国家进行调解，正如此观念所呈现的，以便以公共领域为媒介，将政治权柄转变为"理性"权柄。[7]

[5] Jürgen Habermas, "The Public Sphere," in *Contemporary Political Philosophy*, ed. Robert E. Goodin and Philip Pettit (Oxford: Blackwell, 1997), p.105.
[6] Habermas, "The Public Sphere," p.105.
[7] Habermas, "The Public Sphere," p.107.

　　这个宽泛的历史概览到底准确与否，虽然十分重要，但在此暂且不论。因为就本文目的而言，最重要的是由此产生的社会与政治生活的三层概念。在个人自治与政治权力、个人与国家、或自由与权柄之间的对抗中，存在着公共领域。它对这些对立物的调解有两个重要特征。首先，它不受胁迫。其次，这就确保了其内部辩论能够产生正确的共识，从而使国家权力的行使合法化。

　　以上所理解的公共领域是否为主权领域？这个问题对公共领域能否成为个人自由与国家权力之间的有效缓冲带至关重要。通过这个问题，我们将凯波尔独特的"领域主权"的概念与当代政治哲学中"公共领域共识"这一主导思想联系起来。假设"公共领域"包括凯波尔所说的所有领域（他认为教会、艺术、教育、经济等都属于主权领域），那么，以上这两个概念的联系就更为紧密了。不过，现在回到更为普遍的问题：公共领域是主权领域吗？

三

　　用这些词汇来描述公共领域的特征极有帮助。任何享有言论自由、新闻自由与其他媒体自由，并公开聘任公职、有组建党派或反对某党派之自由的社会，都存在一个真正的公共领域。要进一步指出的是，这些活动或机构都不直接受强权政治的控制。公共领域的特点如此明显，其存在可以说是自由社会的决定性因素。若然，公共领域必须要被描述为主权领域。然而，这种表象具有欺骗性。一旦我们看到这样一个公共领域与我所说的"中央集权主义"社会完全相容时，这种迷惑性就更显明了。

　　一个中央集权社会的特征是，所有被认为有益于社会的行为都由国家直接或间接进行，并由一般税收支付。在现实世界中，这些行为通常包括司法管理、内部安全、公共安全、教育、医疗服务和基本福利项目。但此范围逐渐扩展至涵盖国家资助的"公共教育"，如采纳健康生活方式，拒绝一切基于种族、性或性别的歧视，鼓励回收再利用等。科学、艺术、文化甚至体育机构，也越来越多地向政府寻求政治与财政支持。这些支持通常由政策形成并予以指导，而这些政策由包括学者与社会研究人员在内的智囊团起草。然后，这些政策构成了竞选公职之政治家的选举宣言的基础，因此（至少在理论上）在公共领域范围内提供了辩论的焦点。

那么，所有这些社会生活方面应完全在国家的控制之下；这完全可能，并在许多地方已成为现实。以教育为例：回想一个孩子从婴幼儿时期到成年时期的教育情况并不难：所有课程都由政府批准并提供统一标准，并由国家机构直接管理的学校或国家认可的私营机构（定期接受检查）免费提供。我们不难将这种想象图景延伸至大多数其他社会机构，包括医院与诊所、体育学院、艺术博物馆、研究实验室等。然而，有一点非常关键，我们在此不是想象斯大林统治的极权主义世界。实际上，与此类似的一些情况出现在大多数现代民主国家。与苏联的区别不在于国家对社会生活的介入程度，而在于是否存在一个真正的公共领域。然而，这样一个公共领域并不能阻止国家侵入个人生活，其作用是让中央集权政策得到自由与公开的讨论。事实上，一个充满活力的公共领域会积极倡导大规模扩大政治政策声明所涉及的话题范围，因为任何在公共领域中将某些话题排除在讨论范围以外的看法，其实就是否定此公共领域的内部自由。

我认为由此可断定，公共领域虽为自由的领域，但其本身并非一个主权领域。即使完全按它应有的方式运作，也无法保护生活中凯波尔主义者视为主权领域的方面。就当下目的而言（不考虑那些著名的经济学案例和家庭案例），我会留意艺术、教育、科学与宗教领域。对于我所描述的总趋势，宗教显然是个例外，因为在现代民主制度中，国家（至少在大多数情况下）并未试图取代教堂或规范其属灵活动。我认为正是由于这个原因，自由主义政治哲学往往取代了宗教的地位，成为自由社会的试金石。然而有理由认为，教会作为社会机构的重要性不断减弱才导致了国家对教会的冷漠。赋予宗教信徒的自由反应了一个越来越广泛传播的观点，即宗教信仰纯属个人实践与喜好；就好比一个人更喜欢足球而不是棒球，这并无社会性的影响。一个政治治理受到重大**限制**的社会，其标志就是社会中一些**非常重要**的领域不受政策干扰。简而言之，这就是一个真正存在主权领域的社会。

自由民主的政治理论可能并不像我所定义的那样产生中央集权主义，但通过把它的希望寄托在公共领域的自由上，并不能遏制中央集权主义。只有在社会机构中，国家才能强制主张合理的垄断。正因如此，国家发展以牺牲所有其他社会机构为代价，而且越发渗入家庭与私人生活的细节中，从而成了对自由的初步威胁。正如我一直所谈论的，如果自由公共领域在这方面无法制衡国家，无论它多么活跃，那么我们就需要其他可替代的理论资源。我认为，凯波尔的政治愿景与当代政治哲学在这点上有了最具价值的碰触；也是在这点上，我们可以最有效地诉诸"领域主权"这一概念。

四

称"领域"而非"国家"是"主权的"，实则是说领域不受国家的行为与官员的政治干涉，即便这些行为和官员受全面、公平与自由的政治程序约束。

> 家庭、商业、科学、艺术等皆为社会领域，它们的存在并非因着国家。其生命法则并非源于国家优越性，而是遵从其内部更高的权柄。藉着神的恩典，这权柄如国家主权一样，施行掌权。这涉及国家与社会之间的对立。但我们必须在此条件下，尊重每一部分与之相应的独立特征。这种独立特征必然包含一种更高的特殊权柄，特称"个人社会领域中的主权"，借此明确并坚定地表明，除神以外，不可有任何事物凌驾于社会生活的各个不同发展之上。国家不得入侵，不得在其领域范围内发号施令。这个有关公民自由的问题甚为有趣。[8]

---

[8] Kuyper, *Lectures on Calvinism*, pp.90-91.

凯波尔并没有列出明确的主权领域的清单，但就本文目的而言，这并不重要。他所提供的理论基础反而更为重要。关于主权领域，需要仔细考察几大方面，我们关注其中两点。第一，主权领域有自己的最终权柄来源；第二，政治导向在其领域内无能为力。

将大学视为学习机构（凯波尔本人特别重视大学）可以更好地说明这些观点。在授予学位和其他学术荣誉时，大学以独特的方式决定智力价值。这并不是说大学绝不会在这方面犯错，只是说没有任何其他权柄可以作为有意义的参考。另外，尽管高压政治可能会成功诱骗学术与学识，但它在此领域内并不能取得任何**实际**的成效。任何公共政策，无论初衷多好、资金多充足，都无法使受其约束的大学产生新的创新性的智力成果。同样的论点也可以用来捍卫宗教与艺术领域的主权。以上例子让我们可以得出这样一条普遍原则：只要社会生活中存在独特的一面，就存在一个主权领域；对于这个社会生活，就可得出以上论点。

凯波尔的论点还有另外一个重要方面，即"除了神，无物可以凌驾社会生活各方面之上"。在依据我们所提思路捍卫学术权柄的独立性时，我们只能讲述神的终极主权。但是，还有另外一点也非常有意思。对凯波尔而言，关于这些领域的神的主权（同时也是教会不该侵入的政治领域）与"加尔文主义的'普遍恩典'之教义的重大意义'相关。这一教义教导，所有人文学科（liberal arts）都是神随己意赐给信徒与非信徒的恩典"。[9] 当代政治哲学有一个相对于凯波尔的普遍恩典的世俗性对应物，即所有人相同的道德价值，以及拥有一个可以作为凌驾万物的神的主权的相关替代项，即"人们"的主权。

现代有许多可以作为神主权的替代品，如"人民的声音就是神的声音"（*Vox populi, vox Dei*）这句口号便精确反应了这一点。这句口号的精神对民主理论有着深远影响，即使没有使用这句口号中明确的词汇。虽然民主理想（ideal）的胜利近期才出现，但其表述却由来已久。不过，最早的描述与民主理想背道而驰。在一封日期为公元 798

---

[9] Kuyper, *Lectures on Calvinism*, p.160.

年的信中，查理曼大帝（Charlemagne）的谋士阿尔昆（Alcuin）写道："那些不断说人民之声就是神的声音的人，绝不要听他们的，因为群众的暴动总是接近疯狂。"现代民主党人以积极精神使用同样的表达，但他们考虑的当然不是群众的暴动，而是普选过程中投票箱的有序性。尽管如此，还是有必要问这样一个问题：究竟是什么（重复哈贝马斯的话）使"人民"的声音得以"将政治权柄转化为'理性'权柄"？

不可否认，神乃智慧与公义之本。祂的权柄因此能约束理性施动者（agents），正如我们可能会视人类为理性施动者。我们当按神的吩咐而行，因祂的旨意绝对是最好、最明智的。凯波尔看到，不可将此视为神权政治的保证，因为神权政治是人在发声，而不是神的声音；这个理论要点仍然成立。神的主权建基于祂的智慧与公义，这就是我们必须降服的原因。那么在理论上，人民的主权是基于什么呢？

这个答案多少得诉诸共识。即使不谈"共识"与"多数人观点"之间的重要区别，这个问题依然存在。公正自由达成的共识是否引向真实或合理，这点难以保证。历史与经验证明，不公正与不明智的政策与行动也可达成共识。未受恐吓或操控的公共审议过程仍然可能达成有损于公共福利、个人权利或不利于保护稀有资源的共识协议。若发生这种情况，理性的施动者没有遵守共识的责任，但民主要求他们如此行。事实上，这也是柏拉图对民主的反驳；但在我看来，这个问题仍然无解。只要如此，人民的意志就表达了赞成政治强权的多数人。但与神的意志不同，它很难"将政治权柄转化为'理性'权柄"。

结论如下：凯波尔将他的政治哲学立于以下世界观的基础上，即主权被赐予若干社会领域，而政府与政治只是其中的一个领域。他否认政治具有任何优越性，因为其特有的主权对其他领域没有权柄，这些领域的主权直接来自神。相比之下，当代哲学的主流避开了类似世界观作为政治决策的基础，而是以公共领域为其信仰，认为在公共领域范围内可以自由行使正当的公共理性。但是细究就会发现，自由公共领域的主权被揭露为虚幻的。在其正当运作状态下，丝毫不会限制国家权力，因而保障它作为一个主权领域。此外，以额外使用民主作为合理正当性的标志，其实是以政治观点取代政治判断，从而优先考虑的是非理性而不是理性，只要前者能在多数人之间达成共识。总之，自由民主的公共领域对理性和自由都未提供特别的保护。在这种结论的背景下，一种更有力的领域主权概念（比如凯波尔所提倡的概念）的魅力就显而易见了。若这意味着政治哲学必须重提神学问题，那就当如此行。

第五章

凯波尔、领域主权与政治友谊的可能性

迈克尔·德莫 (Michael J. DeMoor)

一. 政治友谊的观念和理想

本文使用了一个看似时代错置或自相矛盾的术语："政治友谊"。我想提出的观点是，这一概念在多元主义民主制度中发挥着至关重要的作用，因此这在吸收凯波尔基督教民主多元主义的政治思想中应要占一席之地。首先，我要阐明政治友谊的含义与意义。

政治友谊的观念首先意味着国家是一种**共同体**（community）。虽然它有制度与法律上的表达，但其实质是人的社会（这里的人应理解为**公民**），而不是一组结构、程序或积极的法律。此外，基于这种观点，国家应被视为一个**道德共同体**，大家因对美好生活有共同愿景而参与这个生活（某些方面），进而团结在一起。因此，对亚里士多德而言，政治共同体是积极美德之生活的最高表现，因此也是其他道德共同体（特别是家庭与村庄）的完善。通过参与政治共同体（即积极的公民身份），人类实现了作为政治动物的终极目标，从而享受美好的生活。只要参与其他共同体未被认为**对**它们的成员为一种实质性的善，或未**被**成员自身认为是实质性的善，而是被认为是外在的或辅助性的善，那么其他共同体可能就没有道德共同体的特征。我们可能在这里会想到只因个人利益结盟的纯粹的经济共同体。国家若属于后一种共同体，那政治友谊的概念便毫无意义了。

因此，政治友谊是联结政治共同体成员（如公民）的纽带，让公民相互团结。也就是说，政治共同体的成员彼此相遇，首先是自由平等的（因此不是作为主人与仆人，而是潜在的朋友），其次是同享一套被双方评估为公善（common good）的公享利益（shared goods）或某个项目。[1] 所有友谊都是由某些善的愿景来调和的；相应地，因共享同一善的愿景而形成的一切共同体皆表现了友谊的形式。如果国家

---

[1] 因此不只是作为私人利益（private goods），即对我自己是善的，甚至也不像查尔斯·泰勒（Charles Taylor）所称的"聚合的"利益（convergent goods）；此趋同之善尽管通过集体行动获得，但仍只是私人利益，原则上并非共享。参 Charles Taylor, "Cross Purpose: The Liberal-Communitarian Debate," in *Philosophical Argument* (Cambridge: Harvard University Press, 1995), p.190. 根据定义，友谊是一种共享的而不是聚合的利益。相应地，政治友谊意味着将共同参与国家（这是这种关系的组成部分）视为一种公善。

被看作一个道德共同体，那其成员在某种特殊意义上就是互为朋友。应指出的是，这意味着不仅要把**一般的政治共同体**视为共有财物，也要如此看待自己所属的**特殊共同体**。一个人并非国家（即使是任何公正的国家）中所有居民的政治朋友，而是那些与他参加同个政治共同体之人的政治朋友。因此，政治友谊意味着某种程度的"爱国主义"：共同委身参与作为公善的自身政治共同体，并因此委身于作为公善之组成部分的同胞公民。终归而言，一个人将他的朋友视为一种善（a good），并渴望这位朋友的善（friend's good）。

视国家为一个由政治友谊维系的道德共同体的观点，与程序主义（proceduralist）、动机争胜性的（agonistic）正义观以及参与政治共同体的观点是对立的。程序主义观点认为，国家的公正机能是对自治的人之间或共同体彼此争端之裁决原则的一致并公平应用，并非是实现整个共同体的某些**实质的善**或目的。参与程序政体的公民须自愿遵守正义原则（通常根据积极的权利与义务来确定），但除了愿意平等并一致分配这些权利之外，对公善没有实质性的承诺。[2]

另一方面，动机争胜性的观点认为，政治参与的目的是要建立自己（或自己所在的共同体）对善的观点，以此作为国家行动与政策的主导原则。然而，这一观点在原则上与政治共同体其他成员（如果可以这样称呼的话）的观点相反，因此它涉及利益、价值观以及原则的斗争与对立，而不是对某些公善愿景的共同承诺。在动机争胜性的政体中，把公民团结在一起的唯一纽带是他们共同承诺使用国家机器（选举、法院等）来推进他们善的观念，这与建立政治友谊的实质性的承诺相去甚远。程序主义与动机争胜主义都认为参与国家事务或有助于私人利益，或有助于趋同利益。因此，在致力政治友谊理想的人看来，这两者产生的政治共同体的概念是，你要为自己的城邦有所付出或牺牲，正如为一家电话公司或一个自己不相信的神牺牲一样，令人不可抗拒。[3]

---

[2] 罗尔斯（Rawls）的"公共理性"概念在这里或许是个典型例子。

[3] 对电话公司的评述来自阿拉斯泰尔·麦金太尔（Alasdair MacIntyre）；见 J. Horton and S. Mendus, *After MacIntyre: Critical Perspectives on the Word of*

　　显然，这种理想极为强调共同承诺，而非趋同的私人利益。这导致支持政治友谊理想的某些党派成员强烈反对公民参与其他道德共同体，担心它们可能将自己的利益与公善分离，从而分化他们对政治共同体的承诺。卢梭（Rousseau）或许就是最好的例子。他反对在一个共和国内以保护总体意志不退化为私人意志的名义，建立任何"部门组织"。[4] 换句话说，对卢梭而言，国家不仅应该**是**其成员的道德共同体，而且应该是他们**首要的**，甚至是**唯一**的道德共同体。

　　当然，类似凯波尔这样的联社多元主义者（associational pluralists）非常反感这类观点，这会使人普遍怀疑政治友谊的概念及国家作为道德共同体的概念。[5] 然而，这些概念不一定会导致中央集权主义或非分化的集体主义，亚里士多德对此的阐述就是明证。对这位哲学家来说，一个国家太过团结是对政治友谊可能性的直接威胁，因为友谊只能存在于自由平等（也就是不同的、为整体一部分的）的个人或群体之间。[6] 此外，尽管对他来说，政治共同体是所有前政治共同体（pre-political communities）的终结或完善，但并没有因此埋灭它们。家庭、村庄与其他群体都隶属于政治共同体，作为其完善的较低目标（lower ends），但这并不能消除其特殊性，也不能消除它们自身在一定程度上的完整性与自治性。其他政治共同体在亚里士多德的政治共同体内蓬勃发展。这些共同体**附属**于国家，而国家被认为是由多个共同体构成的大共同体；这样就不会威胁对公善的承诺（政治友谊由此构成）。对一个家庭之善的承诺与对政治共同体公善的承诺是一致的，因为前者是后者的附属部分。因此，即使遵照政治友谊的理想，也可以保持某种联社多元性。[7] 不过我们将会看到，在阐述凯波尔式的理想时，亚里士多德对联社多元主义的辩护是不可行的，因为凯波

Alasdair MacIntyre (Notre Dame, Ind.: University of Notre Dame Press, 1994), p.303.

[4] J. J. Rousseau, *The Social Contract*, trans. Maurice Cranston (Harmondsworth: Penguin, 1968), book 2, chapter 3.

[5] 对凯波尔而言，卢梭的这种理想虽然在引发法国大革命中发挥作用的程度但只会加剧问题。当然，到底到何种程度，更多是学术辩论的话题。

[6] 参*Nicomachean Ethics* 8.9-11, and *Politics* 2.2-5, in Aristotle 1984.

[7] 参Aristotle, *Politics* 1, in Aristotle 1984.

尔拒绝非政治领域与国家之间附属关系的概念。

二. 政治友谊对民主的必要性

我想说的是，政治友谊的理想（伴随着将国家视为道德共同体的观点）是让民主成为可能之条件的必不可少的部分。如果没有一种与同胞公民共同参与公善的意识，就失去了在政治上有真正民主行动的动力。没有在一定程度上实现这种理想，民主政体就会退化为（仅仅是）程序性或动机争胜性的共和政体，而这两者都不是可持续的民主政体。

查尔斯·泰勒（Charles Taylor）在他关于自由主义 - 共产主义辩论的讨论中对此进行了论证。他认为公民人文主义传统的核心是一种自由概念，借此一个社会只有在公民能够"感到他们所生活的政治机构是他们的自我表达"时才是自由的。[8] 当公民积极参与国家及其法律并因此对此认同时，公民就不**受制于**外力，而享有**公民的全部尊严**，因而是自由的；我们称之为自由的"参与性的"（participatory）定义。如果政治参与——以及由此产生的对法律的认同——构成了政治自由，那么公民美德就是自由的必要组成部分；自由政体是公民准备把自己的私人利益搁置一旁，公开地参与公善之利益的政体。

若公民一方缺少此种气禀（disposition），每个人就只能认同促进或保护其私人利益的法律，从而这种认同在任何意义上都不能反映每个人作为公民的尊严。公民美德构成了一种爱国主义的形式，将公民团结在一起，一同委身参与一个共同的项目："在一个正常运转的共和体制，与同胞团结的纽带是以共同命运感为基础的，而这种共同本身就是有价值的。"[9] 每个公民与其他公民在实现政体的事业中密切相联。这个政体反应了他们作为公民的尊严，这就是在参与的意义上为**自由**政体。这种纽带是与自己同个政体内其他成员所共享，而不与其他政体的成员共享。这不能被简化为对所有人尊严与福利的世界

---

[8] Charles Taylor, "Cross Purpose," p.187.
[9] Charles Taylor, "Cross Purpose," p.192.

性的保证，因为它涉及的是**特定**宪法和法律体系所表达的**公民**尊严。换句话说，公民自由与尊严的参与性的概念有这样一层意思，即城邦是一个道德共同体，是公民之间的政治友谊。

泰勒接着论道，从公民美德的爱国主义角度来理解的政治友谊，在维护自由民主政权方面起着至关重要的作用。他说，民主社会的公民有必要怒对"违反自由自治准则的行为"——其中他引用了伊朗反政府事件与水门事件。[10] 这种愤怒不可能由分化的公民个体来维持，他们疏远对公善的公共承诺，并且缺乏用认同国家法律的能力来表达他们对共同利益的集体参与。换言之，只有意识到水门事件这样的丑闻其实侮辱了**政治共同体内所有公民的集体尊严**，才能维持自由民主政权所必需的那种愤怒。无论是私利还是"非混杂着特殊认同的普遍原则"的抽象、世界性的承诺，都无法加深这种必要愤怒的意义的程度或扩大其范围。[11] 美国人之所以不愿接受水门事件（或加拿大人不愿意接受赞助丑闻），不是因为个人的私利，也不是因为对公平竞争的抽象原则的承诺，而是作为**美国公民的集体尊严**因违反民主自治原则而受损之故。他们如此回应的基础乃是公民道德的爱国主义，以及他们认为其政治共同体可以最好地体现并发扬其公民尊严的观点。因此，若没有国家作为道德共同体、其公民作为政治朋友的意识，就无法产生或维持对某一特定政治共同体公善的承诺。若要抵制违反民主规范的行为，这种承诺是必需的。

泰勒认为，如果程序主义（proceduralism）不足以维持民主，那么动机争胜主义也会危及民主政体那颗跳动的心脏。艾尔斯坦（Jean Bethke Elshtain）认为，现代政治的两大发展正明确将西方政治生活推往非民主的方向。在"位移政治"（politics of displacement）中，人们不再按作为**公民的公共身份**进行彼此的公共会话（public discourse），而是穿着各种**私人身份**的装饰（性别、种族、性取向）出现在公共场合。因此，公共会话退化为对充分承认私人差异的争取，

---

[10] Charles Taylor, "Cross Purpose," p.195.
[11] Charles Taylor, "Cross Purpose," p.197.

而不是由对一些真正**公善**之成就的共同定向所激励。[12] 于是，这些政治就变成了一种"差异政治"（politics of difference），其中公民所认同的那种群体是同类私人认同群体["同性恋共同体"、"魁北克人"（the Quebecois）共同体]的"我们"，而非各色公民的"我们"；这种群体为了整个社会的利益而**共同**参与审议、辩论与制定折中方案的工程。[13] 承认差异对多元民主来说确实至关重要，但若面对一个有着不同私人身份的人，"我承认她的差异，也就是说，**考虑到**我们在政治问题上的分歧……我与作为对话者的她接洽的准备就绪取决于一个事实，就是我与她有共享的事物。她与我生活在一个世界中；她也是一位**公民**"。[14] 若要以尊严待人，承认差异必不可少；在政治问题上，这就意味着要承认他们作为公民的尊严。

如果没有这种对共同公共身份的认同，政治话语就会退化为"不可通约性"（incommensurability），即无法真正理解彼此，无法在公平的竞争环境中与对方互动，从而只为寻求认可而进行零和争斗，而非为了真正的民主审议、辩论与制定折中方案。艾尔斯坦的民主政治——正如泰勒的民主政治——需要对作为一个公享利益的政治共同体与作为政治朋友（即公民）的成员恪守承诺。与亚里士多德一样，这绝不意味着民主政治共同体必须在制度上或方向上同质化。相反，政治友谊是使民主政治在联社性与文化性之多样化的社会中成为可能的条件。

三. 政治友谊的凯波尔式障碍

亚伯拉罕·凯波尔同时致力于民主治理与社会"多样性"（multiformity），不管是在结构上（即社会内不同类型的机构与联社的多元化）还是方向上（即一个政治团体中不同世界观与人生观的多元化）

---

[12] 参J. B. Elshtain, *Democracy on Trial* (Boston: Basic Books, 1995), chapter 2.

[13] 参J. B. Elshtain, *Democracy on Trial* (Boston: Basic Books, 1995), chapter 3.

[14] 参J. B. Elshtain, *Democracy on Trial* (Boston: Basic Books, 1995), p.67.

皆然。[15] 若泰勒与艾尔斯坦是对的（基于本文的目的我们假设他们是对的），那么至关重要的是，他的政治愿景包括（或至少可能包括）有如下描述: 1）国家作为一个道德共同体; 2）社区成员承认彼此为"政治朋友"（即由真正的公善所构成的共同项目的参与者）的职能; 3）集中于这个特定的政治共同体、而非抽象的政治权利的世界主义观点的公民美德的爱国主义的基础。凯波尔解释他的两个核心承诺的方法似乎为此描述造成了些许障碍。

在第一种情况下，凯波尔颇受称赞的联社多元主义很难让人看出他如何论述国家为一个道德共同体的意义。正如我们在亚里士多德与艾尔斯坦的例子中所见，致力于国家领域之外（或至少不是与之完全相同的领域）蓬勃发展的联社生活，并不一定是公民友谊的障碍（卢梭并不这么认为）。然而，凯波尔关于公民社会与国家之关系的"主权领域"论述至少破坏了亚里士多德调和联社多元主义与公民友谊的基础。[16] 亚里士多德认为，整体与局部的逻辑定义了国家与公民社会之间的关系: 附属的道德共同体在相互之间并与国家之间具有一定程度的完整性与自治性，但只有在部分不能被其他部分所取代或不能被整体所吸收的情况下才是如此。[17] 作为局部，这些共同体的目的（以及道德品质）只有作为政治共同体的终极目的（即以积极的美德生活为美好生活）的附属目的时，才是完全完整并可被人理解。换言之，按照哲学家的说法，公民社会的道德品质由政治共同体（国家）的道德品质衍生而来。

对凯波尔而言，公民社会并不隶属于国家; 相应地，国家也不

---

[15] 多元主义类型之间的区别源自R. Mouw and S. Griffioen, *Pluralisms and Horizons* (Grand Rapids: Eerdmans, 1993).

[16] 艾尔斯坦在<审判中的民主>（*Democracy on Trial*）一文中对这一点的叙述过于注重公民的态度与倾向，而没有用国家与公民社会之间的关系的规范理论来阐述这种和解的"政治理论"叙述。

[17] 可以用身体做个比喻。作为手，它具有自身的完整性，因此独立于身体其他部分，甚至在其独特的功能方面具有一定程度的自主权（只有手能够抓握、指向等，因此它以一定程度的自主权来执行这些功能）。但这些功能只有在它们的目的对整个身体的目的起辅助作用的情况下才能完全具有可理解性（例如，抓握苹果只是作为吃或维持身体这一更普遍的目的的附属部分时，才是完全可理解的）。

是构成公民社会之共同体的完善或终结。虽然他偶尔提到国家是"环绕人类生活整个范围的领域中的领域"[18]，但这仅仅意味着在人类生活的所有领域之内与之间，国家在维护正义方面可以发挥调节作用。因此，正义作为国家的最终目的（从而构成国家的道德品质）在人类生活中是普遍存在的，但公民社会各个领域的最终目的既不源于、也不附属于被认为是人类生活最终目的的正义。相反，公民社会各个领域的道德品质——其特殊的规范性任务——是神通过创造的秩序而不是国家的权威来介导（mediated）（如果有的话）的直接使命（mandate）的结果："家庭、商业、科学、艺术等皆为社会领域。它们并不因国家才存在，其生命规律也不来自国家的优越，而是来自它们自己内部的一种高度权柄；这权柄是因神的恩典才施行管理，正如国家主权一样。"[19] 在这种情况下，它并不意味着一个人对公民社会制度的道德承诺就是对政治共同体的道德承诺；宗教、科学、娱乐的友谊在逻辑上并不产生政治友谊。因此，凯波尔不用接受亚里士多德调和联社多元主义与政治友谊的模式。

此外，其他道德共同体中委身的参与者也有可能意识到委身于作为道德共同体的国家，而凯波尔阐明国家（公民）社会之区别的方式使这种可能性变得更为复杂。包括公民社会所有领域的社会对凯波尔来说是一种**有机**现象；它根据人类为服侍并赞美造物主而要开发各种潜能的基本创造命令，来展现形式各样的丰富性。联接由各样主权领域所界定的群体的纽带，是对创造性文化使命自发性、群体性的回应：在每个领域，人类的天然社会性体现于那些追求特定的规范任务（养育孩子、追求真理、敬拜上帝等）的群体与机构的发展中。[20] 这些群体的发展与壮大不需要人类或机构的刻意干预或建设，只需要他们愿意忠实遵守神的诫命。因此，凯波尔用有机特征的措辞阐述了作为道德共同体之社会的领域的特征（即对神规范性之呼召的真实回应）。

---

[18] Abraham Kuyper, "Sphere Sovereignty," trans. G. Kamp, in *Abraham Kuyper: A Centennial Reader*, ed. James D. Bratt (Grand Rapids: Eerdmans, 1998), 472.

[19] Abraham Kuyper, *Lectures on Calvinism* (Grand Rapids: Eerdmans, 1961), p.90.

[20] 参Kuyper, "Sphere Sovereignty," 467; Kuyper, *Lectures on Calvinism*, pp.91-92.

相较之下，国家具有**机械性的**特征。对凯波尔来说，唯一恰当的有机性的国家就是"以神为王的有机世界帝国"，能使不同家庭在"更高的合一"中联合；这种合一"在神的王权中——这王权可以规律性地、直接并和谐地统治万民之心——内部彼此紧密结合"。[21] 因此，若人类没有堕落，就不会有不同的、在人类治理下并按照积极的法律运作的政治共同体。人类统治与国家的存在是对罪恶影响的补救，而不是对创造谕令真正的群体反应（因此不是有机的）。人类的政治治理虽是神所设立的，却是"一个**机械性的**头，从未被放在民族的躯干上"。[22]

国家有一个规范性的呼召，即执行正义（justice）；但这在本质上不同于社会的有机领域。首先，如前所述，这一命令不是为人类繁荣并赞美神而设的创造谕令，而是因罪恶影响了社会健康的有机运转而进行的机械性的补救。其次，国家的统一力量不是自然的人类社会性，而是刀剑的力量；也就是说，使一个政治共同体团结在一起并使其规范性任务得以实现的是强制的力量，而不是对已分化的（differentiated）创造谕令自发的群体性的反应。[23] 政治治理（正义）的规范任务是：

> 1. 当不同领域发生冲突时，要相互尊重各自的边界；2.
> 在这些领域保护个人与弱势群体，防止他人滥用权力；
> 3. 为维护国家的自然统一而强迫所有人共同承担个人的
> 与经济的责任。[24]

---

[21] Kuyper, *Lectures on Calvinism*, p.92.

[22] Kuyper, *Lectures on Calvinism*, pp.92-93.

[23] 因此，政府的主要特征就是生死大权。正如下面将要讨论的，这些不同的联合统一的原则造成了国家权力与有机公民社会之间不可避免的张力，必须由宪法原则来抵制这种紧张关系。这些宪法原则以公民根据使命（mandate）来抵制国家主权的参与为基础。

[24] Kuyper, *Lectures on Calvinism*, p.97. "鉴于刚才所说的，国家的自然统一不能意味着'它具有有机共同体的性质'，而必须只是指履行其（机械性的与补救性的）功能所必需的统一。"另参Kuyper, "Sphere Sovereignty," p.472："生活的各个领域不能没有国家领域，因为正如一个空间可以限制另一个空间，一个领域也可以限制另一个领域，除非国家通过法律确定它们的边界。"

这些任务具有程序性原则的特点，一方面适用于调节不同群体之间的边界争端，另一方面适用于调节不同个体之间的关系。不像建立社会领域的创造命令，它们的目的不是为了实现一种内在的、实质性的善，而只是为了个人与群体的利益而防止损害。换言之：与有机群体相比，国家的机械性的群体本身并不会构成或为作为群体的公民提供实质性的公善（因此也不提供公享利益），这仅仅是一套程序性的原则与消极的自由；这些原则和自由构成了对个体与社会群体的一种聚合的利益（convergent good）。因此，至少从表面上看，凯波尔用机械 - 有机的区别来阐明国家 - 社会的差异；这种阐述方式使我们不可能把国家本身看作一个道德共同体。

此外，这种对国家规范性任务的看法，在定义上并不意味着公民在追求公善中必须积极参与政治。相反，公民美德被描述为社会成员**抵抗**国家殖民压力的气氛，而非积极参与政治共同体。[25] 根据这一观点，公民参与法律制定实乃**谨慎的**考虑，这归因于民主政府更有可能保护社会成员的权利与自由，而非公民尊严的**内在**必要的表达。[26] 相反，人的尊严是由**社会有机品质**构成的，并非透过参与国家而获得（鉴于其机械的品质）。[27]

正如我们所见，泰勒认为，对公民尊严的关心是通过公民对自己参与制定的法律的认同能力来表达的，这对于激发对反民主运动的抵制至关重要。同样，艾尔斯坦认为，承认他人为**公民**（即政治共同体的成员）对于在多元主义社会中进行真正的民主审议是必要的。在这两种情况下，能够将**公民身份**视为一种实质的道德地位，并认识到公民与参与政治共同体密不可分，被视为民主的一个重要组成部分。凯波尔"机械式的"国家概念使之难以实现；不过我们将会看到，他

---

[25] 参Kuyper, "Sphere Sovereignty," p.473.

[26] Kuyper, *Lectures on Calvinism*, pp.97-98.

[27] "最后，为了触及社会问题的核心，基督宗教在一个**有机整合之社会**的社会关系中**寻求个人的尊严**。法国大革命扰乱了这种有机组织，扯断了这些社会纽带，只留下一个单调、自私自利的自负之人。"Abraham Kuyper, *The Problem of Poverty*, ed. J. Skillen (Grand Rapids: Baker, 1991), p.44; 着重为所加。

思想中的其他元素与泰勒、艾尔斯坦的观点是紧密一致的。

　　似乎给阐明公民友谊带来困难的凯波尔的第二个基本承诺就是他对**定向的**（directional）（或"世界观"）多元主义的承诺，特别是这一承诺与他的联社多元主义彼此交叉。加尔文主义、天主教主义、社会主义、自由主义等都构成了"世界与生命观"或"生命体系"（Weltanschauungen）；每一个都被理解为一个基本原则演绎的结果（在加尔文主义中，这一原则是神的主权）。对于那些受其中一种或另一种体系影响的人来说，他们生活的各个方面以及他们对各样社会领域的参与，都是由他们对这些制度原则的承诺塑造而成。生活的方方面面，无论是个体的还是群体的，都受到一个人生命体系（因此得名）的影响。

　　在社会方面，这种世界观的多元化体现于公民社会中认信式导向之机构的发展。因此加尔文主义者有他们的教会，天主教信徒有他们自己的教会，共产党人有他们的工人委员会，诸如此类；但这尚未完结。即使是"**共同**"的机构——即那些无法以其性质或功能代表一个世界观群体而非另一个群体的机构——也由定向多元主义塑造。例如，在学校里，课程不能严格地在社会主义与加尔文主义之间保持中立；那么某一个或另一个生命体系必须构建课程，从而塑造学生的思想与心灵。正因如此，凯波尔经常支持平行机构（parallel institutions）的发展，每一个机构都执行相同的功能（例如，教育儿童，倡导工人），但每一个机构都受到不同世界与人生观的影响。最著名的是凯波尔建立了从走读学校到自由大学的基督教教育机构，还建立了独立的媒体与新闻网络、独立的工会等。[28]

　　这种在独立但平行的社会机构中将互不相容的（因此也是相互竞争的）人生观制度化的策略，理论上可以推广到所有的社会领域，但不能推广到国家本身。在政治层面，由不同世界与人生观所形成的各

---

[28] 凯波尔在多大程度上在社会各个领域致力于这种"柱化"（pillarization），并将其作为自己世界观的构成部分，这尚存争议。因此，他是否有意识地支持荷兰社会的全面柱化，这一点并不十分清楚。然而，他许多观念与事业都是朝着这个方向发展的。

种群体必须团结起来，参与某种形式的共同实践。然而，在政治上也没有中立的立场，并且简单的逻辑就会阻止这些群体放弃它们在政治领域的特定生命体系："即使是最激进的不信者，若他是一个有逻辑的思想者，他就会承认，如果一个人嘴上对基督的认信，却忽视它对我们国家政治的直接影响，这是完全荒谬的。"[29] 这意味着政治生活也将成为互不相容的生命体系之间**主要斗争**的场所。对凯波尔而言，这意味着各种政治选择最终必须从精神层面来看待："我们所反对和抵制的只是他们那与基督分离的灾难性的**原则**；这个原则在所有此类团体中都是如此。自由派、保守派、激进派与社会主义者共同组成了一个由单一血统孕育而成的精神大家庭。"[30] 在精神斗争中，虽然可能有暂时的结盟，但绝不能妥协："但现在我们知道，在我们的国家里，所有精神冲突最终会以**支持**或**反对**基督而告终。"[31] 即使在加尔文主义者与天主教徒之间，虽然他们都认信基督，但也只能合作，无法合一。[32]

因此这似乎是说，对凯波尔而言，政治最终必是动机争胜式的，就是在胜者全取的战斗中互不相容的原则之间的相互斗争。所有的联盟只能是战略性和暂时性的，并在原则上是试验性的，因为对立的精神原则之间不可能有综合或统一。若这就是全部详情，那么很难想象凯波尔将如何解释完全**共享**的政治价值观与利益；这些价值观和利益将所有公民团结起来，共同致力于和参与一个真正的政治共同体。看来凯波尔的政治是艾尔斯坦位移政治的化身；在其中，我们作为公民的公共身份被简化为（或被替代为）私人身份（我们的宗教或世界观身份）。因此我们只能认同那些与我们不相容的世界观所构成的"我

---

[29] Abraham Kuyper, "Maranatha," trans. J. Vriend, in *Abraham Kuyper: A Centennial Reader*, ed. James D. Bratt (Grand Rapids: Eerdmans, 1998), p.210.
中注：荷文版Abraham Kuyper, *Maranatha. Rede ter inleiding van de Deputatenvergadering op 12 Mei 1891* (Amsterdam: J. A. Wormser, 1891).
[30] Kuyper, "Maranatha," p.213.
[31] 凯波尔甚至如此谈论那些脱离抗革命党的人："他们确实不明白在我们国家斗争的背景下，投票给一个自由主义者实际上是在反对他们的主。" Kuyper, "Maranatha," p.218；另参Kuyper, "Sphere Sovereignty," p.484.
[32] Kuyper, "Maranatha," pp.218-219.

们"，而不是一个真正的政治共同体。

四. 支持政治友谊的凯波尔式资源

凯波尔试图在自由个人主义与集体主义的两难之间游走，并在其"领域主权"的学说中倡导公民社会的核心作用；这种说法近乎陈词滥调。若我所言皆为正确，那么在他对具体政治生活的理解方面，也必须在程序主义与动机争胜主义之间游走。事实上，他思想的两个中心维度似乎将他拉向相反的方向：偏向程序主义的联社多元主义和偏向动机争胜主义的定向多元主义。这在我看来实则表明他有足够的资源如此行。在观察其可能性的过程中，我将揭示凯波尔思想中指向凯波尔式公民友谊概念（因此国家是一个道德共同体）的资源。

在此情况下，我首先想简要说明，凯波尔的民主政治意识与泰勒所阐述的"公民人文主义"传统有许多共同的重要主题。首先，凯波尔是共和政体拥护者，至少在某种程度上是。凯波尔不止一次赞许地引述加尔文（所宣称的）对共和政体治理形式的偏爱，因为"让几个人一起掌舵国家之船会更安全也更好，从而当对权力的渴望可能会堕落为暴政时，一方可以约束另一方"。[33] 考虑到人类罪恶的腐败力量，共和政体的公民政府是履行国家规范任务最有效的政府。事实上，对凯波尔而言，罪恶感构成了建立并维持宪政政府的推动力，其中公民的自由（包括他们参与政府的自由）受到保护。它"以一部公正的宪法为基础，约束权力的滥用，设置限制，并为人民提供一种天然保护，以防止对权力的贪欲与恣意专断"。[34] 换言之，之于凯波尔，共和政府最擅长保障其国民及其群体的**消极自由**不被国家、个人或其他社

---

[33] 加尔文的话，载于Abraham Kuyper, "Calvinism: The Source and Stronghold of Our Constitutional Liberties," trans. R. Bruinsma, in *Abraham Kuyper: A Centennial Reader*, ed. James D. Bratt (Grand Rapids: Eerdmans, 1998), p.285; 同参 Kuyper, *Lectures on Calvinism*, p.83. 赫斯拉姆认为，把共和主义归属于加尔文可能是不完全妥帖的，但既然我们在这里关注的是凯波尔的观点，此处便不受质疑；参P. S. Heslam, *Creating a Christian Worldview: Abraham Kuyper's Lectures on Calvinism* (Grand Rapids: Eerdmans, 1998).

[34] Kuyper, "Calvinism," p.310.

会领域侵犯与滥用；这与之前所讨论的国家"机械性的"特征一致。

但是，凯波尔的"共和主义"有一点超越了他对政府的机械性认识，而且（也许）与这种认识之间存在张力。共和制政府不仅是最善于保护服从政府之人的**消极自由**，它还体现了**公民的积极自由**。真正的政治自由并非"肆意妄为的自由"，而是"我们的自由是真正的**公民的**自由，**是不会瓦解而团结的道德自由**。这自由正由**合理正当的权威**支持，提供并保证公义，使我们可以毫无畏惧地将内心、头脑与双手献于那良善、美好、高尚并公义之事。[35] 这种自由离不开公民积极的政治参与；没有这种参与，（消极的）自由只会分裂，而权威将成为非法。凯波尔引用亚历克西·德·托克维尔（Alexis de Tocqueville）的观点，指出公民积极合作地参与政府是维护真正自由的必要条件："尽管如此，托克维尔的尖锐批评仍然是有道理的：这些公民似乎对自己的自由很感兴趣；但年复一年，他们几乎毫无察觉地把他们个人独立性的一部分拱手让给了行政部门。正是这些曾废掉王位、将地上的君王踩在脚下的人，却在一个普通公务员任意妄为之时，毫无反抗地卑躬屈膝。"[36]

这种无限制自由的态度摒弃了"高尚的公民精神"，践踏了公民拥有公民地位的自豪感。换言之，这是**公民美德**与公民身份**尊严**的危机。若公民美德衰落，对国家权力与范围的必要制约就会消失，甚至个人与社会领域的消极自由也会倒退："若公民缺乏自豪感，国家缺乏约束，自由就处于危险之中。"[37] 因此，公民的积极自由，即根据他们身为公民的尊严参与政府的自由，使其**作为个人与社会成员**的消极自由成为可能，并得以保护。

凯波尔的这一观点不仅是基于对减轻罪恶影响的关切，也是基于人类复兴和政府的适当角色与性质的积极性的加尔文主义愿景。他认为，只有立宪政府能设立框架。在这个框架中，社会的各个领域能以

---

[35] Kuyper, "Calvinism," p.281;引述了约翰·温斯罗普（John Winthrop）。

[36] Kuyper, "Calvinism," p.281;引述了托克维尔（Alexis de Tocqueville）。

[37] Kuyper, "Calvinism," p.283;关于公民美德在维护消极自由方面的作用，请参Kuyper, "Sphere Sovereignty," p.473.

有机的方式发展，因而根据神对它们的创造命令而繁荣兴旺，因为只有这些命令才能确保国家本身和各样领域的恰当边界。[38] 此外，在《主啊，我深愿祢来！》（*Maranatha*）中，凯波尔认为"民众的影响力"是"宪政属性所固有的"，以至于它"无法停止，直至触底"。[39] 换句话说，合法宪政的逻辑要求最大程度的民众影响，甚至到一个程度连"小人物"都要获得选举权。公民政府（共和主义）对凯波尔而言不仅是基于公民政府，更有可能成功减弱政府中的腐败与不公义的谨慎的偏爱，还是一个基于他所认为的加尔文主义对社会繁荣的承诺，以及转而需要宪政的信念的**积极要求**。[40]

　　因此，凯波尔的共和主义包括了对泰勒所描绘为具有"参与性的自由概念"的事物的描述。在这种描述中，自由离不开对**公民尊严**的切实感受以及关切。但是，正如我们所见，这种承诺隐含着一种政治共同体为一个道德共同体、公民同胞为"政治朋友"的理解。"政治朋友"就是被这些人视为共有之善的政治共同体的共同参与者。若以上所探讨的是正确的，那么这与凯波尔视国家仅为"机械式"机构的观点之间存在张力；而这"机械式"机构的善仅由它抑制罪的社会影响的角色构成。这种观点只能解释保护在政治方面消极自由的重要性。这种消极自由就是社会成员与公民社会免于他人侵犯的自由）。但是，由于凯波尔本人似乎将这些消极自由的可能性建立在对公民在政治上积极自由的描述上，所以他似乎超越了仅为机械式的国家概念的限制。

　　随之而来的问题是：到底有无可能阐述一个凯波尔式的作为道德共同体之国家的概念呢？这概念可以支持对基于公民尊严之强健概念的积极政治自由的核心性的承诺。关于公民尊严与公民美德（密不可分的两个概念）的凯波尔式的观点会是怎样的呢？我的阐述分为两部分。首先，我将简要讨论普遍恩典的教义，以此克服凯波尔的定

---

[38] 见Kuyper, "Calvinism," pp.279-322.

[39] Kuyper, "Maranatha," p.223.

[40] "事实上，整个加尔文主义运动（在英国、荷兰以及美国都是如此）不正是依靠**扩大人民的影响**来加强他们的政府吗？" Kuyper, "Maranatha," p.223.

向多元主义滑向动机争胜主义的倾向。然后，我将讨论视国家为一个独立的"有机"社会领域的可能性，从而在有力的意义上视其为一个道德共同体的可能性。这也将处理程序主义的困境（凯波尔关于积极自由的观点使他致力于扼杀，或至少要回避程序主义）。

正如我们所见，凯波尔认为对立（antithesis）既**激进**又**普遍存在**，这一事实似乎将他参与公共领域的观点谴责为动机争胜主义。这与艾尔斯坦对"位移政治"的反民主性质的担忧相一致。凯波尔的**普遍恩典**概念虽然从未抹去对立的这些特点，但若真有什么，这概念还是"**钝化**"了这一教义的"**锋刃**"。借着普遍恩典，神抑制了罪在人类与社会中的影响，甚至允许一定程度真实的创造之善在未重生之人的行动、组织和承诺中得以呈现。此外，普通恩典的领域（非明确基于基督教原则的社会机构等）本身可以通过特殊恩典的影响被塑造并"变得高尚"："她（教会）必须使普遍传播的思想净化并使之高尚，提升公众舆论，引进更坚实的原则，从而提高国家、社会与家庭中盛行的人生观。"[41]

最后，不能仅仅因为基督徒（以及教会作为一种有机的社会表达）是特殊恩典的领受者，就认为他们不需要或不参与普遍恩典。诚然，基督教社会机构是"利用了普遍恩典资源的特殊恩典领域"（包括普遍恩典领域中的科学研究、艺术创作等结果）。[42] 普遍恩典既能克制罪又能与特殊恩典互相影响，从而给彼此带来积极影响，因此普遍恩典可以为基督徒与非基督徒在公共领域更有力的合作提供一些基础。虽然最终的主要分歧仍然存在，但公共领域中的基督徒可以与非基督徒联合起来，共同对某些公善做出肯定，因为普遍恩典使非基督徒能够看到基督教理想中的真与善，反之亦然。因此，"公民身份"与政治共同体可以理解为普遍恩典的一种表达（尤其是在特殊恩典的影响下），这能以一种动机争胜主义不可能做到的方式，为视普遍恩典为一种公享利益提供基础。

---

[41] Abraham Kuyper, "Common Grace," trans. J. Vriend, in *Abraham Kuyper: A Centennial Reader*, ed. James D. Bratt (Grand Rapids: Eerdmans, 1998), p.195.
[42] Kuyper, "Common Grace," p.199.

然而，普遍恩典本身并不足以让我们了解公民尊严、作为道德共同体的国家以及公民友谊。这是因为正如上面所讨论的，它不可能是对某些（国际性的）原则的一般性或普世性的承诺，而这些原则固定了公民友谊。然而，普遍恩典是承诺将**某个特定的国家**视为一个道德共同体，从而是一个公享利益（相应地视**自己的同胞公民**而非"一般公民"为自己的政治朋友）。普遍恩典是普世分布的，它主要是一种支撑创造结构的恩典，而非专注于某个团体、个人或活动。因此，尽管它确实提供了一些必要的基础，但它本身并不能支持某种意义的政治友谊。

此外，为了能够将自己的政治共同体视为一个特殊但拥有公享利益的共同体，同时也为了抵制程序主义的诱惑，我们更需要一种政治共同体的愿景；这个政治共同体对旨在人类繁荣的创造命令有真实的群体回应（例如作为一个有机体）。这将使这个特殊的政治共同体被视为一个共同项目，旨在（至少在某种程度上）实现一个使人类繁荣的共享愿景，盼望自己的同胞公民能仅仅因为在这个共同体中，而非凭借一套特定的宗教或意识形态的承诺，就可以成为这个项目的平等参与者。虽然这需要拒绝凯波尔式政治与政府仅为机械性的观点，但这与他思想的其他重要方面相一致。

为探讨这种可能性，我想研究国家作为社会"领域"这句话的含义。凯波尔偶尔会把这个词与国家联系起来，但他对国家机械性的看法使他无法充分探索其中隐含的意思。我认为社会领域的概念**既**表明了一个参与实现人类繁荣一个方面的有机群体，**也**表明一套发展成组织并促进这些有机、群体活动的机构性安排。凯波尔在讨论"作为体制机构的教会"与"作为有机体的教会"之间的区别与联系时，最为清楚地提出了这一观点："体制机构与有机体的关系就是，一个是**被建造的**，一个是**生长出来的**。所有由部分与分块构成，或由外力**建立**的都是**体制机构**；而另一方面，一个有机体的重要部分都是由自己产生的，其形态会发生变化，延续并扩大它的生命。"[43]

教会作为一个有机体，是"基督部分在天、部分在地的奥秘身体"。

[43] Kuyper, "Common Grace," p.187.

而教会作为一个机构，是基于"人类选择、决定与意志行动而建立的地方性临时的**体制机构**"。[44] 任何具体的教会，比如荷兰归正众教会（Gereformeerde Kerken in Nederland）教会或基督教归正教会（Christian Reformed Church）[45]，或任何"有两三个人聚会"的教会，都体现了体制机构性与有机性，前者具体而局部地表达了后者所提供的动态的心跳。将这一特征扩展到所有社会领域并不困难：公民社会中所有团体一方面表现出体制机构的特殊性、组织与管理，另一方面表现出有机团体、发展与繁荣。例如，学校既是一个教育者与学生共同工作、回应神文化使命的群体（有机方面），也是一套制度、政策、规则与标准（体制机构方面）。双方都有必要被认为是我所说的"道德共同体"——在这个共同体中，成员们理解他们参与这个特定共同体，与他人相聚一处，是为了公善。"有机"方面提供了群体共享的（因为它是对人类繁荣之命令的回应）道德的善，而"体制机构"方面则提供了一个框架，将这个共同体加以区分，作为对那个道德的善的**特定**表达或追求，从而这个共同体成为**一个人自己的**共同体。

凯波尔认为国家是机械性的。这看法似乎将国家限制在"体制机构性的一面"，因此阻止它成为真正的社会领域和道德共同体。按照这种观点，政府是靠武力通过"体制机构性的"组建（将不同部分组装起来）[46]与建立的方式，而非通过道德共同体的有机增长与发展来运行。若然，这进而将公民参与移除出政治行动的中心位置，尽管凯波尔坚称宪政在本质上包括公民参与（见上文）。然而，若我们不认同政治共同体的这种"单面"观点，那么我们只要能找到某种与政府（解释为行政）政治制度有机关联的"政治性"，就有可能把国家也看作是一个有机共同体。有了这有机的一面（一种围绕共有的善的

---

[44] Kuyper, "Common Grace," p.187.

[45] 中注：基督教归正教会为赫尔曼·巴文克的宗派，后与凯波尔领导的从国立荷兰改革宗教会分裂出来的群体，共同组成了荷兰归正众教会。

[46] 这些是国家内部，也是社会领域之内不同意识形态群体。前者在相互对立的基本原则中，而后者作为对不同创造命令的回应，有不同的规范任务。国家的任务是把这些不同(甚至对立)的事物组合在一起；这是一种拼接工作，而非"增长"。

愿景而组织起来的"政治公共领域"），我们就有理由将政治领域视为一个真正的共同体，甚至是一个道德共同体。但是，对于凯波尔来说，这又是什么呢？

如前所述，将"公共领域"视为公众之间激烈斗争，或根据罗尔斯而言，仅仅是个人行使程序性的"公共理性"（public reason）的一系列论坛的看法是不充分的；一定存在某种围绕真正公善之实质性愿景的群体。我认为对凯波尔而言，这种公共领域是（可以被看作是）由**民族国家**（nation）构成，作为与政治治理的机构有有机关联的事物。一方面，（种族性的）民族国家是一个会成长的有机共同体，而非有意识地组装而成 [至少荷兰就是这个例子，后民族国家（postnational states）暂且不论]，因其发展是按照共有的历史、语言、美食，以及最重要的共同"国民品质"（national character）[47]，所有这些并非不同部分的组装，也不是借武力强加。民族国家性（nationhood）的所有这些方面都可以被理解为人类根据创造命令而繁荣的特殊表现（你也可以把"文化"放在文化使命中）。每一位荷兰人都与其他荷兰人生活在一个有机共同体里，而不考虑阶级划分、意识形态、性别、年龄等不同因素。[48]

但是这些都还不构成一种基于对善的共同愿景的民族国家观。换言之，因着这是（至少部分）由共同价值观、承诺、项目等构成，而不仅仅由共有的习惯、气禀（dispositions）或品位构成。在对立的现实下，一个民族国家的政治共同体是否共有美好愿景的能力，取决于特殊恩典对整个民族国家心灵（psyche）的实际影响，与特殊恩典使普遍恩典"高尚化"（ennoble）的总体能力相一致。也就是说，它只能是一个基督教国家，非基督徒可基于普遍恩典之工予以认同。一方面，如果作为普遍恩典之彰显的国民品质与气禀能在很大程度上反映特殊恩典的有利影响，那么基督徒公民就可以与非基督徒同胞分

---

[47] 凯波尔反复使用这个概念，在Kuyper, "Calvinism," pp.279-322中讨论加尔文主义对英国、荷兰与美国文化的影响时，尤为如此。

[48] 正如达·科斯塔（Da Costa）所说："我们的民族社会不是地上一堆灵魂的堆砌而已，而是体现神意志的一个群体，一个活生生的人类有机体。" Kuyper, *The Problem of Poverty*, p.52.

享美好的愿景。

因此，凯波尔在《主啊，我深愿祢来！》（*Maranatha*）中嘱咐他抗革命的同行者，如果他们怀有真正的"爱国之心"，就要"起来在政治上捍卫基督的荣耀"，希望"反基督教原则……还未泯灭国家良心"。[49] 对国家的爱离不开对基督的爱，因为荷兰有一颗被加尔文主义原则塑造的"民族国家的良心"（national conscience）；即使非基督教原则在政治上占据主导地位，这些原则仍然存在。相应地，因为非基督徒公民的良心也根据此民族国家的良心而塑造，而这个民族国家的良心又带着广泛基督教影响的记号，所以他们也与基督徒同胞享有共同的价值观。因此，在一个基督教国家，没人会因为国籍而得到特殊恩典，但"公众舆论、一般的思维模式、主导性的观念、道德规范、法律与习俗，都清楚彰显了基督教信仰的影响。虽然这归因于特殊恩典，却在普遍恩典的地域（即普通的公民生活）内显现"。[50] 在一个基督教国家，民族品质及其道德直觉由基督教理想（Christian ideals）所塑造，因此我们可以基于不同的基本原则，合理地讨论一种超越（而非彼此中立的）共同体的共有的善的含义。

五. 结论：后民族国家

因此，借着将种族性的民族视为政府的有机关联物，我们就有理由将民族政治共同体视为道德共同体，从而盼望将自己的同胞公民视为围绕公善这个公有愿景而组织的共有项目的共同参与者。彼时，凯波尔所在的荷兰是一个真正有可能建立政治友谊的地方，因此可以在程序主义与动机争胜主义的反民主选项间游走。当然，这种可能性取决于一个共有的民族历史、文化以及一系列的气禀与习惯。换而言之，它只适用于一个真正的民族国家（于是，只能是一个基督教国家）。但对于生活在后民族国家——典型的就是北美国家，但欧洲国家似乎也越来越朝向这种趋势——的我们来说，因为缺乏足够广泛的民族共

---

[49] Kuyper, "Maranatha," p.214.
[50] Kuyper, "Common Grace," p.199.

同体的意识，这个解决方案似乎并无指导作用。因此，我将提出一些（非常）简短的建议，说明如何将我们所学的知识应用于这些处境。

用凯波尔的话说，政治友谊普遍需要一个有机的公共领域，作为政府的机械式体制机构的关联物。此外，这两方面需要相互交织，以使公民能够认同国家的法律与行为，视其为自己作为公民的事情（引自泰勒，但符合凯波尔的共和主义）。在没有共同历史的地方"聚集"**民族**认同是没有希望的，因为"聚集"是一种体制机构性的手段，需要的是有机"增长"。但是，从拥有共同历史、语言、文化、一系列传统、气裹或特点的意义上而言，国家的有机层面不一定就是某个民族，而只是根据公民追求公善的自发的共同体建设之气裹所形成的公共领域。

我们也许可以利用杜伊维尔对国家内部与外部功能的区分，来指导我们思考这个问题。在其"外部"功能方面，国家调节其他社会结构之间的涵摄交织（enkaptic）关系（某些方面），并在这些社会结构中促进对个体的公义，这与凯波尔关于政府角色的"机械性的"概念非常一致。然而，国家同时也具有与"政府和公民或政府各部门之间"关系相关的"内部功能"。[51] 其中一些功能纯粹是调控性的（regulative），但我们有足够的空间来审视政府与公民彼此关系的规范，因此也包括公民之间的关系的规范，将其视为一种特定模式下**人类繁荣**的规范，而不是简单的程序性争端解决或边界管理的原则。此处无需提及民族特性等，只需提到旨在真正**人类之善**的实质性、规范性的关系。

于是，作为国家规范任务总和的"名称"，公共公义的理想包括了调控性的原则（外部职能）**和**实质性的利益；其中差异关键是看危如累卵的规范是针对所讨论的领域的内部功能还是涵摄交织或外部功能。因此，依靠国家内部功能运作的共同规范（包括具有公民身份的公民之间的关系，即个人与个人之间的政治关系），可以避免动机争胜主义。借着证明一些政治活动的规范至少不仅仅是调控性的，还

---

[51] J. Chaplin, "Public Justice as a Critical Political Norm," *Philosophia Reforma* 72, no. 2 (2007): p.131对此讨论很有帮助。

是对人类繁荣的实质性指示，可以避免程序主义。这里的"政治友谊"按照杜伊维尔的专业词汇，可以理解为司法运作中，尤其是其内部功能中的伦理预期（ethical anticipation）。

第六章

为了世俗社会的圣约神学：

亚伯拉罕·凯波尔的《圣约神学》作为现代神学中的一个尝试

约翰·海尔希·伍德 （John Halsey Wood, Jr.）

　　19 世纪认信的神学家通常都是保守社会的拥护者。然而到了亚伯拉罕·凯波尔，事情就有所不同。无论是以何种标准来看，凯波尔都确实是认信的神学家，但他并非一个传统社会的坚定捍卫者。正统（Orthodoxy）在凯波尔手中常常变得极为非传统。如何让认信的加尔文主义和谐地进入现代社会，而这又对教会内外的生活意味着什么呢？这些是凯波尔的核心关切。

　　对此的研究有两个方面。第一，一些神学家将凯波尔的圣约神学与改革宗传统先驱们的圣约神学相比较。但是，凯波尔的神学需被置于其特定的历史和社会中，才能充分理解凯波尔透过他的神学所言和彼时他所行之事。欧文·查特威克（Owen Chadwick）就有过非常及时的警告，他说："如果我们只知研究才智，就绝不能彻底了解思想史。"[1] 此篇文章就是要达此目的的一次尝试，所以首先将对凯波尔的社会处境做一个简要描述。正是在这一社会处境下，《圣约神学》（*De Leer der Verbonden*；1909）可看作凯波尔自己将圣约神学和谐融入时代的尝试。尽管他后来重复此种尝试，并因而产生不同的著作，本文仅限于他于 1880 年发表的专著。

　　他的尝试是特别为教会服务的，因为 19 世纪的教会在许多方面都遭受攻击。凯波尔于 1880 年秋天开始写这些关于圣约教义的文章；在同时期，阿姆斯特丹自由大学开始招生。他的圣约神学支持了他在自由大学开学演讲＜领域主权＞中所阐述的一个现代、分化的社会的愿景。更确切地说，圣约神学在两方面为教会作为现代公共机构提供了一些神学基本原则。第一，圣约正是通过确立教会的界限，展现了教会作为独立的社会机构的主权和合法性。第二，凯波尔借用圣约性的措辞来阐述教会神圣的起源与任务，回应了现代主义神学家；后者认为教会在现代社会已经变得陈旧可废弃。

一. "世俗化"

　　围绕宗教在现代西方世界所发生之事的问题远未解决。通常而

---

[1] Owen Chadwick, *The Secularization of the European Mind*, Gifford Lectures in the University of Edinburgh for 1973-74 (Cambridge: Cambridge University Press, 1975), p.13.

言，神之死的观点似乎"被大大夸张了"。无论如何，若仔细予以定义，世俗化（secularization）是一个有用的分类。"世俗化"指的是各样的社会进程，但有两个观点在此需要考虑。第一，世俗化主要指的是制度与功能分化时的社会和历史进程——简而言之，就是教会和国家分离及其伴随的事件。然而，此处不包括宗教**不可避免的**衰落和私人化。在世俗化的古典概念中，衰落论点是其中心。对此，何塞·卡萨诺瓦（Jose Casanova）解释道："传统世俗化理论的主要谬误……是将正当世俗化的历史进程（例如制度与功能的分化），与设想这些进程给宗教带来的毫无依据和预期的后果相混淆。"[2] 约翰·萨默维尔（John Sommerville）也同意这种说法，他指出在特定情况下，"我们可以谈论一个全部是有宗教信仰人群的世俗社会。"[3] 这样的世俗化就是荷兰在 19 世纪末所经历的。另外，萨默维尔和其他学者还注意到了在思想上与世俗化社会层面的平行。至于思维方式，萨默维尔把世俗化描述为从对终极关切的兴趣转变为对更贴近生活的关切的兴趣。

最后，特别是在荷兰社会背景下，世俗化中会充满竞争性和多元性的本质；对此认知十分有用。休·麦克劳德（Hugh McLeod）在他对欧洲世俗化的研究中提出，多元化（pluralization）是欧洲 19 世纪晚期宗教处境的"关键"。他总结道："不是把世俗化看做一个客观的'进程'……而是更佳地把它看成一场'竞赛'；在这场竞争中，各种敌对世界观的支持者们一较高下。"[4] 各种迥异的世界观的激增就是凯波尔处境的一部分，他自己也是此进程中的关键参与者。

认清世俗化的各种不同的层面和动态性，是我们理解凯波尔和荷兰处境的重要一步。这样的认识特别有助于我们接受某些在其他方面

---

[2] José Casanova, *Public Religions in the Modern World* (Chicago: University of Chicago Press, 1994), p.19.

[3] C. John Sommerville, "Secular Society/Religious Population: Our Tacit Rules for Using the Term 'Secularization,'" *Journal for the Scientific Study of Religion* 37 (1998): p.251.

[4] Hugh MacLeod, *Secularization in Western Europe, 1848-1914* (New York: St. Martin's Press, 2000), p.28.

看似矛盾的趋势，比如越来越大胆的认信主义（confessionalism）和社会的世俗化（宗教机构越来越窄化的领域）。这些都出现在 19 世界的荷兰，甚至凯波尔自己对此也有所推进。

二. 荷兰式的世俗化

有学者提出荷兰的世俗化直到二战之后才开始出现。这个推测通常是建立在一个观点上，即世俗化不可指的是宗教活动不可避免的衰落。但是，我们已在上文讨论了对世俗化修正后的特征描述，很明显世俗化在 19 世纪末已然出现了。

需要特别指出的是，当时的机构分化（institutional differentiation）已经出现，而亚伯拉罕·凯波尔就是一个关键因素。凯波尔早在莱顿大学的学生时日，就特别热衷于"教会问题"。不同于荷兰民族教会（volkserk），他的愿景是能够摆脱国家束缚，完全由自愿参加的信徒组成的一个自由教会。与此相关的一个关切点就是教育。凯波尔心目中的学校是不受中央政府管控的，其中的教育在良知的命令下自由发展。这两个关注点在理论和实践上，都在阿姆斯特丹自由大学的建立和凯波尔的开学演讲＜领域主权＞中相结合。＜领域主权＞是一个面向分化的，即世俗化的社会的计划方案；在这样的社会中，比如教会和学校等机构能根据它们自己的生命律（laws of life）运行。

凯波尔追求的并不仅仅是一个脱离国家的教会，更是一个脱离了大学的教会。随着 1880 年阿姆斯特丹自由大学的成立，凯波尔实现了这个愿景。就在这之前几年，1876 年颁布的教育法中已经提出了教会、国家与教育机构之间的领域问题。这条法律在国立大学（rijksuniversiteit）的神学院里创造了一个双阶（duplex ordo）系统。在这个系统之下，教会仍保有任命神学教授的权利，但是国家政府开始可以任命如圣经研究这类学科的教授；这些学科要采用"科学的"方法研究。1880 年，凯波尔发表了多篇文章，阐述他有关神学院和教会彼此关系的观点。凯波尔从机构分化的观点出发，提出了比 1876

年的教育法更彻底世俗化的法律。他根本不给教会任何任命大学神学系教授的权利。当然，凯波尔也认为大学不能任命那些非改革宗的教授，和那些发表观点时还需要对某个教会负责的教授。但是，这两个机构的关系本质上应是自愿的。[5]

1878 年的另一条法律确立了公立学校的宗教信仰中立立场。然而，凯波尔这一次拒绝了这一类型理智的世俗化（intellectual secularization），因为这实际上是认同所谓的"中立性"世界观高于宗教性世界观。凯波尔认为宗教的中立性实际上是一个神话。此立场显得复杂，因为凯波尔坚持机构的分离，却拒绝世界观并不像机构一样可以，或者应该，轻易被分离的观点。

凯波尔要面对的从终极关切到更贴近生活之关切的理论转变，也出现在现代主义神学家的著作中；这些神学家就是最初的世俗化理论家。阿拉德·皮尔森（Allard Pierson）与拉文霍夫（L. W. E. Rauwenhoff）追随德国神学家理查德·罗特（Richard Rothe）的理论，希望人类通过现代社会而非教会达到至高点。教会是现代社会中废弃的中世纪遗迹。随着教育和福利等社会功能被国家取代，现代主义者们质问教会的存在还有何作用。拉文霍夫解释道："神的国度在地上建立的美好愿望所真实包含的内容，可以在国家里面，也能通过国家得以实现。"[6] 虽然世俗化作为宗教衰落的现象并没有大范围地出现在 19 世纪的荷兰，但是这种思想确实导致了一个微弱却广为人知的衰落，因为有部分神学家把他们的结论变成了逻辑性的结局，离开教会；这些人包括了阿拉德·皮尔森，多米拉·尼文会斯（F. Domela Nieuwenhuis）和休特（C. B. Huet）。其中，皮尔森的离开让凯波尔困扰了许多年。

---

[5] Abraham Kuyper, "De Theologische Faculteit En De Kerk," in *Strikt Genomen.*" *Het Recht Tot Universiteitstichting Staatsrechtelijk En Historisch Getoetst* (Amsterdam: J. H. Kruyt, 1880), pp.207-216; Abraham Kuyper, *Is Er Aan De Publiek Universiteit Te onzent Plaats Voor Een Faculteit Der Theologie?* (Amsterdam: J. A. Wormser, 1890).

[6] Cornelis Augustijn, "Kerk En Godsdienst 1870-1890," in *De Doleantie Van 1886 En Haar Geschiedenis*, ed. Wim Bakker (Kampen: Kok, 1986), p.58.

三. 为了世俗社会的圣约神学

凯波尔的圣约神学是赞成**或反对**世俗化这些不同层面的工具。1848 年宪法规定下的教会与国家的分离与之后的实际操作，给荷兰民族教会造成了身份危机（identity crisis）；正如神学院的双阶系统下一个人可以想象到的，一个宗教团体失去了对其宗教典籍的控制权，此权利归给了国家。历史学家乔里斯·范·艾金纳滕（Joris van Eijnatten）与弗雷德·范·利堡（Fred van Lieburg）总结道："【国家】一旦撤出，教会就成了孤儿，不再是现有秩序的明显象征，需要新一轮的合法化。"[7] 凯波尔的《圣约神学》正是提供了这一点。

凯波尔认为，这场教会危机在某种程度上是圣约意识（covenantal awareness）的危机。"撒旦引诱教会走上了这些片面的道路，破坏了神圣的洗礼，正是借着对圣约真理的狡猾驱逐，把健康教会生活得以兴盛的唯一一根基挖空。"[8] 凯波尔的圣约神学完成了两个重要的任务。第一，尽管现代主义者们通过实践的社会功能计算教会的价值，凯波尔却主张教会拥有一个建立在神圣约中的神圣使命（divine mandate）。第二，当教会不再是国家教会时，分界线必须重新界定。教会成员不再是公民身份的反射。凯波尔认为圣约正是区分谁归属教会的恰当基础。

凯波尔着手写关于圣约神学的文章的直接动因阐明了他的困境，就是他被夹在现代主义神学家与保守派之间。自由大学校长菲利克斯（J. W. Felix）邀请凯波尔撰写这些文章，用以证明他能胜任教理神学的教席。菲利克斯或菲利浦·侯德马克（Philip Heodemaker）等人担心凯波尔自由教会的愿景有些太现代，并且他彼时有关特殊恩典（particular grace）的系列文章有个人主义和宗派主义之嫌。[9] 为了

---

[7] Joris Van Eijnatten and Fred van Lieburg, *Nederlandse Religiegeschiedienis* (Hilversum: Verloren, 2005), p.271.

[8] Abraham Kuyper, *De Leer Der Verbonden*, vol. 5, *Uit Het Woord*, 6 vols., Stichtelijke Bijbelstudiën (Kampen: Kok, 1909), p.8.

[9] Johannes Stellingwerff, *Dr. Abraham Kuyper En De Vrije Universiteit* (Kampen: Kok, 1987), p.109; Maarten Aalders, *125 Jaar Faculteit Der Godgeleerdheid Aan De Vrije Universiteit* (Meinema: Zoetemeer, 2005), pp.31-32.

证明凯波尔是改革宗的教理学家，菲利克斯邀请凯波尔就他的圣约神学执笔撰文。此类担忧解释了凯波尔为什么会聚焦于圣约作为教会合一的基础，而反驳将教会建立在救赎秩序（ordo salutis）中某一环的宗派主义观。

宗派主义的进路体现于拉巴第派（Labadists），他们相信教会只能由真正重生或真正被神拣选之人组成。在解决关于教会疆界问题的章节（后取题为"圣约成员"）中，凯波尔特别反对这种宗派主义进路。凯波尔在这一章中反对宗派主义对教会成员和归信的资格限制，拣选亦不能幸免。"不论是救恩金链中的中段或首段，都不能带我们走得更远。"[10]

事实上，凯波尔认为拣选论对教会来说没有实践的价值。相反，他在圣约的基础上定义教会："神将祂的圣约赐予我们，从而我们因着圣约而分别出来，规避其他任何分裂会带来的危险，且避免被世界同化。"[11] 圣约就是将神的百姓和世界予以区分的基础。圣约的成员因着他们的"言行，即认信与举止，或他们的教义和生活，而被分别出来"。[12] 教会不能判断【一个人的】内在状态，但是只要这个人继续保持自己外在圣约成员的地位，即使他本质上不是，"教会必须将每位外在圣约成员都看成'真实的一员'"。[13] 由此，凯波尔的圣约神学避免了宗派主义想要判断神的不可理解之旨意的某些层面的错误；但是他对训诫（discipline）的持守和对基督徒品格的判断，也没有让教会成员身份变得理所当然，就像民族教会（volkskerk）所做一般。

民族教会（荷兰改革宗教会）是荷兰民族国家的教会，教会成员身份和社区几乎是交替的，至少对于人口中新教群体如此。凯波尔长久以来都反对民族教会宽范和其膨胀的成员身份的角色。他坚称，在真正的教会成员和名义性的成员之间，必须要有分别。例如，凯波尔在《乌特勒支的教会探访》（Church Visitation at Utrecht；1868）

---

[10] Kuyper, *De Leer Der Verbonden*, p.176; 另见pp.194-196。

[11] Kuyper, *De Leer Der Verbonden*, p.177; 另见p.179。

[12] Kuyper, *De Leer Der Verbonden*, p.185; 另见p.192。

[13] Kuyper, *De Leer Der Verbonden*, p.187.

中，抗议教会不加分别地允许每一个人带自己的孩子来受洗，而无视他们基督徒的见证。[14] 凯波尔想要一间由真诚的信徒组成的教会。在国家与教会分离的背景下，凯波尔的圣约教会论把教会转变为一个自愿性的机构。

然而，这种自愿性的进路潜在地与改革宗的婴儿洗礼的实践相矛盾。如何才能让像家庭之类的有机群体的核心地位，连同个人认信的真诚和教会的恰当限制范围，得以维持呢？凯波尔回应道，圣约不只是神和个人之间的约，还是神和有机群体之间的约。凯波尔追随 18 世纪的荷兰神学家阿皮流斯（J. C. Appelius），坚称圣约不是神与个人之间的约，而是神与教会整体所立之约。洗礼作为圣约的圣礼（the sacrament of covenant）不是给予作为独立基督徒的孩童，而是作为教会成员的孩童；此外，属灵生活是圣约成员身份的结果，反之则不然。[15] 如此，凯波尔保持了他自愿性的（voluntary）教会论，又保留了将孩童归入教会的做法，即使有些孩童还未有对基督的信仰。

除了界定教会的范围，圣约提供了教会在面对现代主义批判时急缺的合法性；此批判就是，教会只是废弃的中世纪附属物。圣约作为教会的神圣源头贯穿了所有时代。"神与旧约时代教会关系的基础，包括族长和以色列时期，都是同一个圣约，即耶和华与教会所立的信实之约。"[16] 更具体地说，这里是强调外在的圣约是体制机构教会的源头。外在的圣约建立了体制机构教会，作为救恩的途径和管道，因而它使教会成为圣约自己的生命领域（life-sphere）："让神我们的主所喜悦的，是把祂在此生命中的恩约带出外在的形式，让此形式中的恩约作为以下之事的途径和管道：1. 给祂的选民创造一个生命地域（即生命领域），远离太过可怕的无神主义；2. 用普遍和救赎的恩典来对待祂的选民；3. 在属灵生命证明、丰富、圣化和荣耀祂的已得

---

[14] 中注：Abraham Kuyper, *Verzameling van officiëele bescheiden in zake de kerkvisitatie te Utrecht in 1868 uitgegeven op last van den Kerkeraad* (Utrecht: Kemink en Zoon, 1868).

[15] 见Kuyper, *De Leer Der Verbonden*, pp.195-207.

[16] 见Kuyper, *De Leer Der Verbonden*, p.159.

生命的选民；4. 审判拒绝相信主耶稣基督的众多人的良心。"[17] 虽然国家逐渐在蚕食教会传统的教育与救济的角色，但是教会作为恩典的媒介的功能保证了教会对人类持续的重要性。

《圣约神学》从 1880 年秋季始于一系列的报纸文章。正在这个秋天，凯波尔在阿姆斯特丹自由大学做了他著名的开学演讲 < 领域主权 >。< 领域主权 > 是一个经受考验的对现代分化社会的愿景。每一个领域——教育、政府、宗教——都有其自主的范围和功能。每一个领域都由其独特的"生命之律"（laws of life）所控制，但是每一个领域都仍在神的主权下运行。凯波尔的由不同自主的领域所组成的社会愿景中，圣约有双重功能，既能划分教会的正当领域，还能解释她的独特功能。

凯波尔的圣约神学对于现代社会的卓越性可见于一个小的对比。在英格兰本土和美洲新英格尔兰的清教徒们，包括约拿单·爱德华兹（Jonathan Edwards）[正如哈利·斯托特（Harry Stout）所指出的]，同样也坚定持守恩典之约，而恩典之约与他们对国家盟约（national covenant）的信念互相交织。正如斯托特所解释的："其中一个约——'恩典之约'——涉及个人和在将来生命中的个人救恩。另一个约——国家盟约——则涉及国家，掌管它们在这今世的短暂成功。在早期的清教主义中，信心之约和行为之约这两个矛盾的约在一个创造性的张力中同存。"[18] 之于这些清教徒，这个新的国家继承了对以色列的应许。凯波尔的圣约神学却切断了圣约与国家之间的联系，对民族教会存在的前提提出质疑。凯波尔的圣约神学要剪除民族教会中的一部分成员，他们的身份更像是荷兰民族国家成员，而非个人信仰的反射。所以，凯波尔的圣约神学不是国家的基础，而是教会的基础。当然，在凯波尔的时代，他反对的国家盟约的观念主要来自他在自由大学的

---

[17] 见Kuyper, *De Leer Der Verbonden*, p.185.

[18] Harry S. Stout, "The Puritans and Edwards," in *Jonathan Edwards and the American Experience*, ed. Nathan O. Hatch and Harry S. Stout (New York: Oxford University Press, 1988), p.143; 同见Edward Vallance, *Revolutionary England and the National Covenant: State Oaths, Protestantism, and the Political Nation, 1553-1682* (Woodbridge: Boydell, 2005).

同事菲利浦·侯德马克（Philip Hoedemaker）等人，而非美国清教徒。与凯波尔相左，侯德梅斯坚持民族教会的理想："整个教会为了整个国家而存在！"

现代神学中的这次尝试对我们理解和应用凯波尔的神学提供了有用的提示。之于一些人，这暗示了凯波尔常常重复的宣告："我们的基督，万有之主，在整个人类领域中，没有一处，即使小如大拇指的一平方英尺，祂不呐喊：'这是属我的！'"这句话其实不是凯波尔演讲的论点，而更像他的一次让步。[19] 这个宣言显然是对抗革命原则（Antirevolutionary principles）和听众中的保守者们的一次点头让步。但是，正如乔治·哈林克（George Harinck）所指出的，＜领域主权＞所强调的并非社会的统一，而是社会的分化。[20]

这正与此处的结论相符，即凯波尔在这段时期主要关心的是通过他的圣约神学分解社会领域，特别是教会领域。"没有一平方英尺"——来自加尔文主义者的一句非常普通的话——是当凯波尔提出例如单独的社会领域和有机的生命之律（organic law of life）等明显不属于加尔文遗留的概念时，对听众的一个保证，证明他没有将加尔文主义传统抛诸脑后。这样的保证是必要的，因为这预见了来自保守主义者和现代主义者两方的异议，他们觉得＜领域主权＞明显已经脱离了加尔文，而采用了现代的思考模式。凯波尔所面临的渐渐浮现的困境——正是很多现代神学会面临的——就是如何在捍卫教会持续的独特性时，又能保持某种基督教徒的公共见证。在 1880 年，这一问题仍旧悬而未决。

这个困境仍令许多凯波尔的跟从者们作难。在最近一期新加尔文主义杂志《观点透视》（*Perspectives*）上，史蒂芬·蒙索诺 - 文德翁（Steve Mathonnet-VanderWell）指出了困扰新加尔文主义者的一些问

---

[19] Kuyper, *Souvereiniteit in Eigen Kring. Rede Ter Inwijding Van De Vrije Universiteit, Den 20sten Oktober 1880 Gehouden, in Het Koor Der Nieuwe Kerk Te Amsterdam* (Amsterdam: J. H. Kruyt, 1880), p.35.

[20] George Harinck and Lodewijk Winkeler, "De Negentiende Eeuw," in *Handboek Nederlandse Kerkgeschiedenis*, ed. Herman J. Selderhuis (Kampen: Kok, 2006), p.701.

题，例如对教会令人苦恼的过低评价。"在新加尔文主义中，教会不是一个独特的组织，不是神赐予今天的世界并在其中运行的奇特方式；相反，教会过于频繁谄媚被造物和文化。"[21] 尼古拉斯·沃尔特斯多夫（Nicholas Wolterstroff）也对此说"阿们"。[22]

如果这个判断确实是正确的，纠正的方式可能并不是激进如舍弃凯波尔的传统，而是重回这传统。"没有一平方英尺"已经成为一个教会活跃地参与社会的一个标语。但讽刺的是，一个与社会分离的教会才是凯波尔他自己所要的。从 1860 年代在卑斯得（Beesd）担任牧职开始，到 1870 年代早期参与教会行政治理，再到 1880 年他关于圣约神学的专著，凯波尔持续批判想要抹除社会与教会界线的现代主义者，和对社会与习俗让步太多的保守主义者。凯波尔的圣约神学制止了令教会从属于文化的诱惑。凯波尔提议的独特性在于其论述了一个分化的社会，却未限制神的主权。圣约在这个微妙的平衡中至关重要。圣约解释了为什么教会不能观望，仅仅成为社会的摇旗呐喊者。虽然神拥有所有领域的主权，但是祂对教会的主权乃独特地通过恩约而施行。

---

[21] Steve Mathonnet-VanderWell, "Reformed Intramurals: What Neo-Calvinists Get Wrong," *Perspectives* 23, no. 2 (2008): p.14.

[22] Nicholas Wolterstorff, "In Reply (to Steve Mathonnet-VanderWell, 'Reformed Intramurals: What Neo-Calvinists Get Wrong')," *Perspectives* 23, no. 2 (2008): pp.17-19.

第七章

新加尔文主义和福利国家

乔治·哈林克（George Harinck）

当在新加尔文主义的发源地荷兰来探讨新加尔文主义时，需谨记两件事。第一件事是 20 世纪新加尔文主义在荷兰社会中的巨大影响并不能反映生活在荷兰的新加尔文主义者的人数。严格地说，新加尔文主义者是改革宗教会成员，后者大约占荷兰人口的百分之八。当然，还有一些来自其他宗派的荷兰人也支持新加尔文主义——例如政治上的支持——但是自 1917 年采用比例代表选举制度以后，新加尔文主义的抗革命党（Antirevolutionary Party）在全国大选的得票率就从未超过百分之十七。20 世纪 50 年代和 60 年代，当荷兰成为福利国家时，抗革命党最高的得票率不过百分之十到百分之十二。[1]

虽然新加尔文主义者人数不多，但影响巨大。他们有荷兰第二大新教教会，相比最大的新教教会，他们的聚会出席率和人口出生率都高出一大截；[2] 同时，他们多年主导基督教工会。[3] 除去二战后的头七年，自 1917 年引入普遍选举权后，抗革命党在每届联合政府中都占有一席之地。20 世纪荷兰首相中，四分之一有新加尔文主义背景。

如此印象至深的数据必须在一个事实的前提下予以理解。在 20 世纪，荷兰没有多数群体（majority group），而是由众多少数群体组成。在这些少数群体之中，天主教信徒是人数最多的。在 20 世纪 50 到 60 年代，天主教信徒大约占荷兰人口的四成。[4] 天主教信徒几乎参与了 20 世纪的每一个荷兰联合政府。新加尔文主义的影响力也伴随着妥协。只有承认自己少数群体的地位，才可能有如此巨大的影响力。然而，新加尔主义者愿意妥协，因为他们并不是要去争取一个加尔文主义的国家。他们想要一个无差异地尊重所有少数群体之自由的国家，这并非由于他们自身是一个少数群体，而是因为这个目标是加

[1] George Harinck, Roel Kuiper, and Peter Bak eds., *De Antirevolutionaire Partij, 1829-1980* (Hilversum: Verloren, 2001), pp.239-290.

[2] Herman Selderhuis, *Handboek Nederlandse Kerkgeschiedenis* (Kampen: Kok, 2006), pp.781-843.

[3] Paul E. Werkman, *"Laat uw doel hervorming zijn!" Facetten van de geschiedenis van het Christelijk Nationaal Vakverbond in Nederland (1909-1959)* (Hilversum: Verloren, 2007), pp.218-255.

[4] Joris van Eijnatten and Fred van Lieburg, *Nederlandse religiegeschiedenis* (Hilversum: Verloren, 2005).

尔文主义政治纲领（political program）的核心。新加尔文主义者呈现的是一个保障公民自由的加尔文主义。[5]

　　我们在讨论新加尔文主义和福利国家的出现时需谨记的第二件事，是荷兰社会特有的结构。曾经确实有一段时间，亚伯拉罕·凯波尔，这位新加尔文主义的主要创始人，想要把荷兰变成一个服从加尔文主义统治的国家。但是随着时间推移，新加尔文主义者们改变了主意。凯波尔从 1870 年前后开始公共事业（public career）时就放弃了一个特权性的或者国家教会的想法，而是全心主张教会与国家的分离，并捍卫自由教会是更好的教会概念。然而，他起初并未放弃加尔文主义国家的观念。他曾想在国家中，借着独特的加尔文主义教会，创立一群独特的加尔文主义少数群体。这样的阵营终有一天会取代自由主义国家，让国家和社会都转向加尔文主义的方向。这就是一种文化，借此"让基督徒自由自在，而无神论者时常被提醒一个无法否认的事实，即不是基督徒，而是他才是**例外**；虽然无神论者也会受到重视，但这对于统治而言只是一个例外"。[6] 在这样一个国家中，宗教自由得以尊重。凯波尔的模型就是美国。他在 1878 年写道，在美国，"政府一方面会做祷告、制订祷告日、尊重第七日等，另一方面比欧洲任何一个国家都更能公平尊重不同的教会"。[7]

[5] Abraham Kuyper, "Calvinism: Source and Stronghold of Our Constitutional Liberties," in *Abraham Kuyper: A Centennial Reader*, ed. James D. Bratt (Grand Rapids: Eerdmans, 1998), pp.279-322.
[6] Abraham Kuyper, *Ons Program* (Amsterdam: J. H. Kruyt, 1880), 77. 荷文："... een inrichting [van de staat], waarin de Christen zich thuis en op zijn plaats gevoelt en die den atheïst steeds aan het onloochenbare feit herinnert, dat niet de Christen, maar hij de uitzondering is, en er dus óók wel op hem, ja, maar toch niet dan bij exceptie is gerekend."
中注：英译本见Abraham Kuyper, *Our Program: A Christian Political Manifesto*, ed. Jordan J. Ballor, Melvin Flikkema, and Harry Van Dyke, trans. Harry Van Dyke, Abraham Kuyper Collected Works in Public Theology (Bellingham, WA: Lexham Press; Acton Institute for the Study of Religion and Liberty, 2015)。
[7] Kuyper, *Ons Program*, p.75. 荷文："... waar men eenerzijds als overheid bidt, biddagen uitschrijft, den zevenden dag eert enz., en toch anderzijds zich neutraler tegenover de kerken onderling gedraagt dan eenig ander land in Europa."引文的日期是1878年6月3日。

但是凯波尔和他的追随者们意识到这个计划不太现实，所以在19 世纪 80 年代末，他舍弃了这个观念转而提倡一个原则上为多元主义的社会。

> 国家说：我不能任由他们去说服对方，因为他们无逐步发展的渠道，而我却不得选择这个或另一个政党，所以我将选择平行制度（the system of parallelism）。我将根据**法律面前平等**的制度，用平行的方法领导他们。自1889年（由第一个基督徒联盟成立的荷兰政府，1888-1891）至今……我们在这个制度下走上了更好的道路。当前的内阁（凯波尔在1901-1905年当选首相）希望延长的正是这个制度。它不希望一个群体优于另一个群体，或放弃国家的统一，不想去偏袒或者贬低对立双方中的任何一方，而是给他们平等的机会，正如一个家庭的父亲会平等地支持和帮助两个儿子，即便这两个儿子的世界观完全相反。[8]

这并不表明凯波尔认为加尔文主义在国家和社会方面是过时的。相反，与最初的设计不同，加尔文主义在政府和社会中有了一个不同的功能。国家和社会的特点将很大程度上取决于联合政府的特点。然而，荷兰政治的结构及荷兰社会的结构必须根据一个加尔文主义的

---

[8] Abraham Kuyper, *Parlementaire redevoeringen*, IV (Amsterdam: n.d., n.d.) pp.26-27, 55. 荷文："De staat zegt: ik kan die richtingen niet aan zich zelf overlaten, want zij hebben geen middelen genoeg om zelf vooruit te komen, ik mag niet voor deze of gene partij kiezen, maar ik zal nemen het stelsel van het parallellisme, ik zal ze beide evenwijdig laten loopen en volg zoo het stelsel van rechtsgelijkheid. Met dat stelsel zijn wij sinds 1889 . . . op een beteren weg gekomen. Het is dit stelsel, waarmede het tegenwoordige kabinet wil voortgaan. Het wil niet aan deze of gene groep den voorrang toekennen, niet de eenheid der natie prijsgeven, geen bevoorrechting of miskenning uitoefenen, doch aan de beide antithetische deelen eenzelfde kans laten, evenals de vader van het huis de beide zonen, al verschillen ze in levensopvatting, gelijkelijk zal steunen en voorthelpen."此段话发表于1904年12月10日。

中注：本书于1912年10月由Holkema & Warendorf出版。

关键原则去建构。此原则就是良心的自由；自 19 世纪 70 年代以来，这原则就是凯波尔有关国家思想中的主导原则。[9] 国家无权审判一个人的宗教或者世界观，而必须在法律之下捍卫各种观点的自由。这个观点如今听来非常熟悉，但是 19 世纪 70 年代的荷兰，自由主义者不允许许多观点出现在公共领域。他们捍卫的一个观点是，公立学校既不能是天主教的，亦非加尔文主义的，而应具有中立的特征（意为自由主义）。同时，他们坚持公共辩论必须建立在理性的基础上，而非宗教信念。在政治领域的另一边，社会主义者旨在社会巨变。在他们的社会中，宗教不被接受，甚至在教会领域亦然。

凯波尔反对这两个政治愿景，并提出了自己的新愿景。这个愿景不将宗教和世界观排除在公共领域之外，而是邀请它们在公共范畴中实现它们自己。维持公共领域的关键不是理性、国家或法律，而是世界观和宗教。凯波尔的同事，抗革命党的律师和政治家萨沃宁·罗曼（A. F. de Savornin Lohman）在 1901 年写道："与常见的说法相反，宪法并没有散发振奋人心的力量……那种力量只来自人和住在人里面的灵。"[10] 保罗在《加拉太书》中对律法的描述在这里有些许回响。凯波尔确信，他的政治敌手将宗教逐出公共领域的做法只会阻碍公民社会的发展进步，因为一个负责的公民身份和一个积极公民社会的关键是各类世界观和各种宗教。

天主教徒很快就意识到，他们的宗教在凯波尔这位热心的加尔文主义者这边是安全的，于是开始支持凯波尔；多年以来，凯波尔思想的实践意义被广泛接受，在 20 世纪成为荷兰社会的基础结构。这样的社会常常归类为"柱化"（pillarized）社会；这一描述强调的是社会结构。但是，这个柱化社会背后的观点是凯波尔非常重视多元的公共领域。

---

[9] Abraham Kuyper, "Calvinism: Source and Stronghold of Our Constitutional Liberties," in *Abraham Kuyper: A Centennial Reader*, ed. James D. Bratt (Grand Rapids: Eerdmans, 1998), pp.279-322.

[10] A. F. de Savornin Lohman, *Onze constitutie* (Utrecht: Kemink, 1901), p.50. "Van de grondwet kan nooit, zooals wel eens beweerd is, 'levensverwekkende kracht' uitgaan. . . . Die gaat uit van het volk zelf en van den geest die in dat volk woont."

一. 社会法律和个人责任

新加尔文主义者赋予公民社会的优先权暗示了国家的次要角色。国家必须高举法律和秩序，保卫国家疆界；这便足矣。但是自 19 世纪晚期以来，国家和社会的关系越发盘根错节。举例来说，尽管新加尔文主义者强调一个事实，即国家规定工厂主和雇员之间的劳动关系并不符合领域主权，但是法律还是被引入来规定工时。新加尔文主义者们并不主张引入直接规定社会生活的法律，而是倾向于制定**间接**起作用的社会性的法律，要求各方互相合作，达成一致。当提及社会性的法律保障对失业人员与患病员工的补助时，新加尔文主义者支持一个每个员工都需支付费用的保险制度，反对国家补助从而替代个人责任的制度。所以，当他们在 19 世纪前 10 年制定一项新的扶贫法律时，他们就穷人的经济补助方面赋予教会优先于国家的权利；政府的帮助是附属的。教会提供的社会关怀并不是基于权利，而是基于道德义务，并因此维持贫困者自我关怀的道德责任。[11]

当荷兰社会在一战期间首次遭遇大规模失业时，这种优先权结果变得太理想主义。然而，扶贫法律的背后推动力是显著的：教会需要被保护免于政府日渐强大的影响力。总体而言，新加尔文主义唯恐国家会取代本属于公民社会的功能。在 20 世纪 30 年代出现世界经济危机时，这意味着新加尔文主义首相科林（H. Colijn）只能不情愿地接受一个事实，即政府需要为几十万失业人员提供补助，还要投资公共项目以提供新的工作岗位；科林只能接受这个权宜之计，实际上他更愿意在整体上调整生活水平，降到 1914 年之前较低的经济水平，而不是政府在公共领域大量的国家投资。[12] 然而，20 世纪 30 和 40 年代欧洲的经济和政治发展无法逆转，并导致二战之后荷兰开始成为一个福利国家。科林错了，而新加尔文主义者必须找到接受国家在社会中的社会经济功能的出路。

---

[11] George Harinck ed., *Diakonie in verleden en heden* (Barneveld: De Vuurbaak, 1992), pp.55-57.

[12] Herman Langeveld, *Dit leven van krachytig handelen. Hendrikus Colijn, deel een 1869-1944* (Amsterdam: Balans, 1998), p.257.

二. "我们的原则并不可靠"

我们该如何诠释新加尔文主义者的社会经济观呢？它有众多可强调的层面，但可以论证的是，新加尔文主义者被他们的领域主权的观念阻碍了。在过去的年代，社会关怀和教育一直都是教会的功能之一。但是到 1800 年前后，荷兰的社会分化就导致了教育责任从教会转到了政府。如果不是教会极力保持现状、抗议并成功阻碍了政府欲控制这一领域的野心，那么扶贫关怀方面的同样转变原本就会在 19 世纪早期发生。[13] 借着将教会执事的社会角色现代化，凯波尔在 19 世纪晚期重新激活了教会的社会角色。他相信教会应通过给予社会关怀而在公民社会中起到积极的作用。所以，举例来说，鹿特丹的执事职分改革就创立并运行一家医院。然而结果是，这个想法太过乐观。从长远来看，教会缺乏资金；而志愿兼任教会职分并还有自己的本职工作的执事们，缺乏运行一个像医院一样复杂组织的时间和能力。[14] 凯波尔曾请求设置一个全职执事，教会支付薪水，就像牧师一样，[15] 但是这个计划最终没有落地。

这件事只是众多例子之一，向新加尔文主义者显明他们的原则与现实的变化特征冲突。自 20 世纪 20 年代以来，新加尔文主义者的知识分子圈就在讨论凯波尔说明和阐释的改革宗原则的重要性。1919 年，首屈一指的新加尔文主义神学家赫尔曼·巴文克强调道，凯波尔的世界观所提供的答案符合他的系统，但并不与现实相符。[16] 现实比原则更有力；原则的时代已经终结。巴文克断言："在很多方面，我们都不知道自己在做什么，我们原则的力量和效果并不可靠。" [17]

---

[13] Ido de Haan, *Het beginsel van leven en wisdom. De constitutie van de Nederlandse politiek in de negentiende eeuw* (Amsterdam: Wereldbibliotheek, 2003), pp.24-25.

[14] A. H. Bornebroek, *Eudokia. Honderd jaar ziekenzorg als opdracht* (n.p.: 1989).

[15] Abraham Kuyper, *Tractaat van de reformatie der kerken (...)* (Amsterdam: Höveker & Zoon, 1883), p.66.

[16] George Harinck, C. van der Kooi, and J. Vree, eds., *"Als Bavinck nu maar eens kleur bekende." Aantekeningen van H. Bavinck (...) (november 1919)* (Amsterdam: VU Uitgeverij, 1994), pp.42, 50.

[17] A. Anema and Herman Bavinck, *Leider en leiding in de Antirevolutionaire*

因为宗教是新加尔文主义的中心，所以工会领袖和政治家都指望神学家们找到一条走出这条死胡同的道路。在一战和二战之间，他们希望他们的神学家们能改善凯波尔关于社会结构的观点，从而能应对彼时现代社会出现的问题；但是并无答案。关于这次失败的原因，我在另处有详述。[18] 现在只强调一点：当社会民主主义者和天主教人士组成的联盟开始将福利国家引入荷兰，从 20 世纪 40 年代至今，新加尔主义者都没有给出另一套观点。他们只做了一件事，就是在社会层面大体上抵挡政府日益增加的影响力。新加尔文主义立场的智性上的弱点从一个事实可以表明出来。他们把首批没有建立在保险系统之上且普遍提供给荷兰公民的社会性的法律之一（即 20 世纪 50 年代提出的养老金法律），形容为向斯大林主义或者极权国家迈进；类似这种有失公允的观点在新加尔文主义者圈里非常普遍。

对很多知识分子而言，这种现状并不令人满意。在世界大战间期这几年苦苦等待神学家提出关于现代社会的另一套观点而无果之后，新加尔文主义者的工会与抗革命党建立了他们自己的研究机构，功能类似于智库。

三. 教会和基督教组织

在讨论这次新的智性投资（intellectual investment）的结果之前，我们有必要询问，一旦荷兰变成福利国家之后，教会发生了什么。在某个层面上，神学家对新加尔文主义式社会反思的垄断的结束，和作为一个政党或工会的智性反思（intellectual reflection）的开始，正是领域主权思想一个适时的拓展。同时，这也说明了荷兰新加尔文主义的一个弱点。凯波尔的领域主权思想与他多元社会（plural society）的思想结合——导致荷兰社会的"柱化"（pillarization）——带来了

Partij (Amsterdam: Ten Have, 1915), p.45. "Wij weten op tal van punten niet, waar we aan toe zijn, welke de draagkracht en straallengte van onze beginselen is."

[18] George Harinck, *Waar komt het VU-kabinet vandaan? Over de traditie van het neocalvinisme* (Amsterdam: EON pers, 2007).

各种各样的新加尔文主义的组织。虽然教会对这些组织和一般社会依旧重要，但是一战之后的两个变化让教会的社会角色有所减弱，而这些机构没有。

首先，荷兰社会开始世俗化。过去一直就有无信仰的荷兰人，但是作为少数群体，他们几乎隐形；现在，他们的观点开始变得重要起来。1930 年，大约 14% 的荷兰人没有加入教会（与其他欧洲国家相比是一个比较高的数值），而教会在社会中有主导作用的假设也遭受质疑。[19] 各个教会都对这个发展感到震惊，但是他们无力解决如何在一个部分无信仰的社会重新定义他们的角色的问题。

第二点，也是与世俗化的兴起有关的一点，就是欧洲社会总体上都遭遇各种极权主义意识形态的兴起。1917 年，苏联变成了共产主义；1922 年，意大利转为法西斯主义；1933 年，德国成了国家社会主义。对新加尔文主义而言，这些极权主义意识形态在某种程度上如同 19 世纪的自由主义一样占据了公共领域。然而，自由主义尊重公共领域之外的宗教，从未试图掌控社会和私人生活。这些新的极权主义意识形态却要把自己作为宗教的替代者，旨在重构生活的每个方面。此极权主义的特点新颖，让新加尔文主义陷入窘境。虽然他们当中一些人希望抗革命党反对国家社会主义者和法西斯政党，但是还有一些人想让教会发声，因为这些是意识形态的运动而不仅仅只是政治党派。然而，那些坚持凯波尔的社会概念的新加尔主义者则反对让教会警告某些政治党派的思想，因为这将产生领域混乱。认为国家社会主义首先是意识形态运动的群体胜利了。1936 年，改革宗教会禁止其教会成员加入国家社会主义政党。但是，这是一场惨胜。最大的新教宗派荷兰改革宗教会并没有在 20 世纪 30 年代发声反对国家社会主义。

这个情况正说明了教会在与现代意识形态正面碰撞时，难以给自己定位的困境，同时呈现了凯波尔式社会结构的弱点。借着将社会中的各种功能委派给各种不同的机构，给教会留下的唯一功能就只剩传

---

[19] Tom Mikkers, "Ongelovig en onkerkelijk tussen 1920 en 1940. Reacties op een vergeten uittocht," in *Tussen Augustinus en atheisme. Kerkhistorische studies 2006*, ed. Tom Mikkers and Ineke Smit (Leiden: Faculteit der Godgeleerdheid).

福音了。当论到基督教在社会中的实践时，教会就不再需要，亦不再参与。那群希望教会有更加重要地位的新加尔文主义者们，在 1936 年还成功了一次，但结果并未改变局势。福利国家实行之初，基督教在荷兰的代表为各种基督教组织，而非各个教会。

这一简短的离题讨论帮助我们理解为什么新加尔文主义知识分子在 1945 年后会越过教会，自己尝试去调整适应福利国家。[20] 教会对自第一次世界大战以来荷兰社会面临的种种社会问题，都未给出解决方案，神学家们没有提出可替代凯波尔式原则的、连接教会与社会的新模式，其他组织则在社会中掩盖了教会的存在。

四. 动态且进步的

正如前文所说，战后的新加尔文主义组织不再继续等待教会或神学家的指示，而是自己组建智库。由于抗革命党的政客们抵制荷属东印度群岛的殖民地自治化（decolonization）[21]，抵制福利国家的引入 [22]，抵制对世界观与基督教政治之不可能性的巴特式的批判 [23]，还抵制社会民主主义政党对基督徒加入其政党的邀请，抗革命党面临最终变为政治局外人的危险。新加尔文主义知识分子开始公开重提巴文克对凯波尔式原则之可靠性的质疑，抱怨这些原则不过是"空的盒子"。[24] 同时，新加尔文主义神学家们放弃了社会性的问题，更加潜心关注宗教和神学难题。[25]

---

[20] Wil Albeda, *Ik en de verzorgingsstaat. Herinneringen van Wil Albeda* (Amsterdam: Boom, 2004), pp.27-29.

[21] Herman Smit, *Gezag is gezag ... Kanttekeningen bij de houding van de gereformeerden in de Indonesische kwestie* (Hilversum: Verloren, 2006).

[22] Jan-Jaap van den Berg, *Deining. Koers en karakter van de ARP ter discussie, 1956-1970* (Kampen: Kok, 1999).

[23] Glifford Blake Anderson, "Jesus and the 'Christian World View': A Comparative Analysis of Abraham Kuyper and Karl Barth," *Cultural Encounters* 2, no. 2 (2006): pp.61-80.

[24] Jelle Zijlstra, *Per slot van rekening. Memoires* (Amsterdam and Antwerp: Contact, 1992), pp.19-20.

[25] G. Dekker, *De stille revolutie. De ontwikkeling van de Gereformeerde Kerken in*

在一段时间里，这样的情形在新加尔文主义传统内产生了一个僵局，然而抗革命党政客们发现，除了反对所有的改变与仅仅重复无关的原则，并非他法。他们必须有所作为，从而将新加尔文主义传统与现代、动态社会的实际问题建立联系。在 20 世纪 50 年代，一群亚伯拉罕·凯波尔基金会（Abraham Kuyper Foundation）的年轻知识分子们也是抗革命党的智库，开始与自 20 世纪 20 年代就盛行的凯波尔式原则的静态解读疏离。这些年轻的知识分子受前一代知识分子的影响，后者曾经在 1936 年捍卫了改革宗教会对国家社会主义的谴责。与上一辈类似，他们现在提出了一个对领域主权更加动态的解释。

至那时为止，不同领域间的界限，以及一个领域支配另一个领域的危险并政府吸收其他领域功能的趋势，都一直予以强调。但是这些年轻的知识分子们 [其中鲍勃·古兹瓦德（Bob Goudzwaard）在美国声名鹊起] 开始不再强调各个领域的独立性，转而强调它们各自的责任。如此，领域主权的观念不再只是简单地为社会规定一个静态的社会结构，而与社会的动态走向相关。将这些新的洞见应用于国家在现代社会中的角色，古兹瓦德希望打破借着对"原则"一词使用所呈现的静态思维。国家不必在拥有主权的领域前驻足，仿佛一堵墙将国家与社会或其他领域分隔。因为强调的是国家对社会的责任——比如严守法律和秩序的任务——那么国家的功能如今就可以表述为捍卫和支持公共正义（public justice）。而且，基于不同的处境，这种功能会促使政府干涉任一领域。[26]

基于不同的处境，这样的动态因素改变了抗革命党内的从政理念。在先前，在政治辩论中捍卫领域主权看似根据固定且适用于全局的已知原则，简易地检验社会进程，因而似乎不太有挑战性。通过强调领域的责任，政治变得更加活跃、有创意，且需要冒险精神。政客需要在每一种新形势中寻找出不同政党的责任。固定的原则或传统不再决定抗革命党的政治选择。相反，正如 1960 年抗革命党领袖布鲁因斯·斯洛特（Bruins Slot）所声明的，"从事基督教政治意味着我

Nederland tussen 1950 en 1990 (Kampen: Kok, 1992).
[26] Van den Berg, *Deining*, chapter 4.

们观察与鉴别出不正义，并寻找正义"。[27]

这种领域主权的新进路有何果效？大致有两个。第一，它削弱了政治上明显的基督教特征。抗革命党政治家们过去容易给人一种印象，就是他们自认了解社会的真实结构，而这个知识向非新加尔文主义者是隐藏的。借着强调基督教政治家的呼召而非固定的基督教规范，政治成了一个对公善和公平的协作追寻。基督徒政治家并不知道所有问题的答案，但他们确实知道他们被召去保护和恢复公共正义。[28]

第二，既然重点落在了基督徒政治家的职业使命，基督教政治实则成了一项活动，不再是固定的，而是动态的一项事业，关注可能发生之事的发展；这种可能发生之事在创造时就蕴藏其中了。基督徒政治家们拥有了一个更强烈的使命诉求（missionary appeal）。这个关于领域主权的新观点推动探寻现代社会的不确定因素和张力的基督教式答案，这些因素和张力包括歧视，贫穷和核威胁等。种族隔离尤其成了一个显著的主题。著名的抗革命党成员约翰·赫尔曼·巴文克（J. H. Bavinck；他是少数几个在二战之后仍旧在党内活跃的神学家之一）在 1956 年写道："种族问题的根源不在神的谕令中。"涉及到种族隔离时，领域主权并非一个赞成南非黑人与白人分开单独发展的观点；恰恰相反，它是一个支持尊重社会内多样性的观点。[29] 政治的末世的特点也予以强调。现代社会的开放式结局是对建设并努力争取一个更加公平开放的社会的邀请。政府是基督教政治必须使用来创建一个公义社会的引擎。[30]

这种结果是对国家在社会中的角色更敏锐的理解。国家是实现和支撑一个负责任的社会所使用的工具。对柔弱势微的公民，政府必须发挥保护盾的作用。这意味着从此以后，根据凯波尔的社会倾向与基

---

[27] Van den Berg, *Deining*, p.178. "Christelijke politiek houdt in, dat wij het onrecht zien en herkennen dat wij jagen naar gerechtigheid."

[28] Van den Berg, *Deining*, pp.160-167.

[29] G. J. Schutte, *De Vrije Universiteit en Zuid-Afrika 1880-2005* (Zoetermeer: Boekencentrum, 2005), p.392. "Het rassenvraagstuk berust niet op de scheppingsordening."

[30] James Kennedy, *Nieuw Babylon in aanbouw. Nederland in de jaren zestig* (Amsterdam: Boom, 1995), pp.110-113.

督在《马太福音》二十五 35 中所说的话，福利国家的活跃社会角色有了一个基督教式诠释。此处基督的话在那几年常常被抗革命党政客们所引用："因为我饿了，你们给我吃；渴了，你们给我喝；我作客旅，你们留我住。" 涉及领域时强调责任也导致对一个更加负责任的社会的渴求，包括更加重视权力和资源的共享。在十年之内，抗革命党从一个有几分落伍和保守的政治党派变成了一个现代和进步的党派。

五. 结论

回顾一下，第一，我们可以说这里描述的改变拯救了领域主权的观念免于被淘汰。幸亏这个对新加尔文主义传统关键概念的动态诠释，才让此传统进入了一个新阶段。第二，教会在这个改变的过程中起到显著作用。起先，教会内缺乏对现代社会的反思，福利国家的概念被全盘否定。接着，在 20 世纪 60 年代，新加尔文主义神学家把社会作为一个突出的主题——但仅让自己远离自身传统的静态解读，而这种静态解读已经让他们与自己所属的社会分离太久了。所以从 20 世纪 60 年代开始，荷兰在缺乏有序运行的教会或神学的情况下，有了一个动态的新加尔文主义的社会政治传统。如今全世界都知道，这几年在荷兰运行的荷兰式福利国家模式是一个每个社会需求都被政府所顾及的模式；其结果就是，教会似乎显得无足轻重。

悬而未决的问题也正是在此。如果是宗教或世界观在支撑公民社会，正如凯波尔在 19 世纪末所声明的，也是古兹瓦德在 20 世纪 50 年代和 60 年代所重申的，那么在缺少有序运行的教会或宗教的情况下，一个现代福利国家和基督教组织或新加尔文主义组织能走多远呢？

第八章

既不忽视、也不修改、亦非质疑：
应用于同性婚姻政策的凯波尔式审议模式

雅各·福斯特 （James J. S. Foster）

一. 一个现存的凯波尔式辩论

学术文献极少从凯波尔式角度直接讨论同性婚姻，更别说对此提出异议，这着实令人惊讶。然而，这种异议的一个有益例子出现在改革宗神学期刊《观点透视》（Perspectives）。在 2002 年 12 月刊等的一篇名为<同性恋和公共政策: 对主权领域的挑战>的文章中，弗莱德·凡·海斯特（Fred Van Geest）提出一个凯波尔式的理由反对政府对同性婚姻的禁令。海斯特的文章引来了公共正义中心（Center for Public Justice）的主席詹姆士·斯基伦（James W. Skillen）在同一杂志 2003 年 4 月刊中的回应。对海斯特的论点和斯基伦对他的批判的审视有助于显明二人的两个张力点。

借着将凯波尔式的国家模型与自由主义和神权政治两个国家模型予以区分，海斯特以反对政府禁止同性婚姻的论点开始。后两个模型分别主张，国家没有权利强制实施道德伦理，另一个则认为国家有义务如此行。相较之下，凯波尔式模型则处于两者之间。[1] 根据凯波尔的第三次斯通讲座（Stone Lecture），国家只是数个主权领域中的一个。社会性的家庭、科学、商业、艺术和教育领域独立于国家领域; 也就是说，这些领域的存在并非归因政府。[2] 诚然，每一个领域都有独立的主权，只对神因恩典放置在其中的内部权柄负责。这些社会领域以有机的方式产生，因为他们的结构直接来自于创造。

然而，国家领域则是对罪的一种机械式的补救——人类堕落之后恩典的干预。凯波尔解释国家的机械式本性时，认为它既有"阴暗面"，也有"光明面"。[3] 阴暗面在于它不完美的多样性。一个无罪的世界只会有一个国家——神的国度——所以堕落的世界破碎成众多国家，这并非世界本貌。但其多样性也有光明面，因为每一个国家的存在都是神普遍恩典的作为。拥有至高主权的神没有让这个世界堕落到

---

[1] Fred van Geest, "Homosexuality and Public Policy: A Challenge for Sphere Sovereignty," *Perspectives: A Journal of Reformed Thought* 17, no. 10 (2002): pp.6-7.

[2] Abraham Kuyper, *Lectures on Calvinism* (New York: Cosimo Classics, 2007), p.90.

[3] Kuyper, *Lectures on Calvinism*, p.81.

无政府状态，而是按照祂的仁慈并为了祂自己的荣耀，将有限的权利赋予当权者。照凯波尔的说法，这个有限的国家权力——即神赋予的国家领域的主权——有三重权利和义务。他详细解释如下：

1. 无论何时不同领域发生碰撞，国家应强制他们互相尊重对方领域之界线。

2. 国家必须在每一个领域捍卫个体和弱者，以防他们受其余权力的迫害。

3. 国家必须强制所有人为了国家的自然统一而承担个人的和经济上的负担。[4]

海斯特没有清晰引用凯波尔对国家三重权力和义务的声明。可能因为他假定他的读者对此已非常了解，但这声明对于他余下的论证至关重要。因为其中一个义务明确否定了国家为一般性的道德监督机构。海斯特利用了国家在领域主权中的有限与偶然的本性，来论证国家不能限制罪人的权利，只要这罪没有造成个人的或社会的危害。[5]对于海斯特来说，同性之间自愿的性交就是这一种罪，所以国家否定同性情侣的继承权、探望权、养老金和收养权，或关键的结婚权利，就是越界之举。

在结尾部分，海斯特认为虽然教会内的婚姻是神所创造的制度（同时，他似乎是指出在改革宗传统内不可能有同性伴侣），"但婚姻之于国家则有另一层意义"。[6]对于国家来说，婚姻仅仅是一纸契约。鉴于美国社会中对于婚姻理解的多样性，没有理由基于改革宗传统而限制这种契约权限。缺乏一种公共理性——比如进入或遭遇同性婚姻的人所受的伤害——就限制同性婚姻，这就如同不让懒惰的人买房一样不公正。

詹姆士·斯基伦在他回应海斯特的文章中，谴责他推进的不是凯

---

[4] Kuyper, *Lectures on Calvinism*, p.97.

[5] Van Geest, "Homosexuality and Public Policy," p.8.

[6] Van Geest, "Homosexuality and Public Policy," p.10.

波尔式论证，而是"自由主义者的"论证。[7] 斯基伦承认国家不是一个全权的道德监督机构，但他相信海斯特过快地从个人自由跳到国家对社会领域本性的不可知论。根据斯基伦的说法，在正确的凯波尔式理解中，国家"不仅应保护个体的权利，也要保护各个家庭、教会、学校（和其他）的权利，每个个体都有自己的责任。要让政府恰当处理这种复杂多样化，它的公共政策需要维持"结构性的"和"认信上的"多元化"。[8]

斯基伦的要点是，国家不能把关于领域本性的决议留给个体。相反，国家必须对哪些特点恰当地构成了学校、商业、家庭等做出决定。一个公民不会因命令而进入这些领域，因为每个领域都有自身被造的秩序（created order）；此秩序约束和限制这个领域。

斯基伦的回应文章最后总结道，同性结合不能够恰当地被视为婚姻，因为这既不符合历史模型，也没有繁衍后代的可能。与异性结合相比，同性婚姻缺乏结构性和历史的相似性；事实上，同性婚姻是不可能的。所以，国家禁止同性婚姻并未越界，这与国家撤回一所没有开展教学反而卖车的学校的资质证书一样合理。

从这场辩论中退后一步，我们便能清楚看到一致与争执之处。海斯特与斯基伦都同意国家的力量被各个社会领域的主权有效限制。但是，他们就两处关键点有分歧。首先，海斯特和斯基伦对称一段关系为"婚姻"的充要的条件看法不一。之于斯基伦，一定的历史和生理结构占决定条件，而之于海斯特，这些限制条件并不充分，特别是考虑到当今西方社会实际所持之婚姻定义的多元性。[9] 第二，他们就国家应如何决定它所认定的充要条件而有争执。第二个分歧点直接来自于第一个。斯基伦认为，通过自然律和历史，合理的婚姻结构可

---

[7] James W. Skillen, "Abraham Kuyper and Gay Rights," *Perspectives: A Journal of Reformed Thought* 18, no. 4 (2003): p.6; 斯基伦并没有解释"自由主义者"立场到底何意，但提到自由主义立场看重个人自主权，不会同意用宗教理由作为国家强制禁令的基础。我们在下文会看到，本文定义的"政治自由主义"的立场都会有以上两个特点。所以，我在本文余下部分都会假设斯基伦认为海斯特持"自由主义的"的国家概念；下文对此会予以定义。

[8] Skillen, "Abraham Kuyper and Gay Rights," pp.6-7.

[9] Van Geest, "Homosexuality and Public Policy," p.9.

予以明确判定，所以政府有义务去辨认和维护婚姻的界线。海斯特认为婚姻的定义存在争议。因此，国家就要提供尽量宽泛的婚姻定义，避免因支持一种观点而预先判定。[10]

虽然对海斯特和斯基伦的第一个分歧点予以裁定非常有价值，但这目标太大，超过了这篇文章可能性。然而，第二个张力点相较之下就容易处理得多了。另外，通过探究海斯特在处理国家认可同性婚姻的进路上是否确为凯波尔式，还是像斯基伦所说的，是自由主义的，一个用凯波尔式的方式处理第一点分歧的模式就出现了。为了做出这个判断，我们现在转到尼古拉斯·沃尔特斯多夫（Nicholas Wolterstorff）阐述的凯波尔式审议（Kuyperian deliberation）。

二. 一种凯波尔式审议模式

在自由大学举行的凯波尔斯通讲座一百周年纪念会上，尼古拉斯·沃尔特斯多夫发表了一篇文章，对比了凯波尔式的公共审议模式和他认为当前在美国占主导地位的模式——政治自由主义（political liberalism）。[11] 虽然沃尔特斯多夫承认后一种模式包含了一个太过宽泛且多意、而不易分类的传统，但是他提供了七种被大多数自由主义形式所拥护的范式论题（paradigmatic theses）。纵使每个论题都有助于与凯波尔式审议的比较，但是其中有四个论题特别有益于裁定斯基伦和海斯特之间的第二个分歧点。用沃尔特斯多夫的编号，这四个论题如下：

1.*每一个正常的成年人都有平等的良知的自由和无伤害行动的自由这两个先于法律的权利（pre-legal right）。*

4.*所有正常成年公民都享有平等的权利参与和（他们社*

---

[10] Van Geest, "Homosexuality and Public Policy," p.9.

[11] Nicholas Wolterstorff, "Abraham Kuyper's Model of a Democratic Polity for Societies of a Religiously Diverse Citizenry," in *Kuyper Reconsidered: Aspects of His Life and Work*, ed. Cornelis van der Kooi and Jan de Bruijn, VU Studies on Protestant History 3 (Amsterdam: VU Uitgeverij, 1999), p.190.

会中）法律权利体系相关的讨论，在决议中有平等发言权。

5. 公民必须准备好进行关于宪法和法律权利体系的公共辩论，然后基于一些相关原则来源的解救（deliverances），就这个体系做出他们自己的决定。此处解救不仅要独立于社会中可见的全面的宗教和哲学观点，还要使所有正常的成年公民……能正确地被要求去诉求这个目的。

6. 政府在与大众宗教信仰的互动中，绝不能做任何旨在或有利于帮助某些宗教……或反宗教组织的行为。[12]

沃尔特斯多夫称第五个论题为"独立基础"论题。这个论题显著限制了由第四个论题所保证的，能在公共审议（public deliberation）中提出的一些理由的类型。此论题进而为第六个论题辩护；因为表面上，不存在独立于宗教或哲学观点的原则；这些观点提倡促进或打压一些宗教或哲学观点，只要它们没有违反第一个论题中的无伤害条款。依沃尔特斯多夫观点，第五个论题的基本正当理由——也是第五个论题对第四个论题中的公民和第六个论题中的政府的限制——是尊重；此观念就是，如果国家因公民不接受一些理由就限制他们自由，那么这个公民的意见就没有被公正地尊重，这违背了第一个论题。[13]

正如沃尔特斯多夫指出，第五个论题明确要求审议**有**一个独立且共同的基础，因为若无此基础，整个系统就会崩溃。沃尔特斯多夫没有详细解释原因，只是写道凯波尔会"把自由主义的'独立基础'论题仅仅看做一个苍白而绝望的希望"，因为"理性并不取决于需求"。[14]

---

[12] Wolterstorff, "Abraham Kuyper's Model of a Democratic Polity for Societies of a Religiously Diverse Citizenry," p.191.

[13] Wolterstorff, "Abraham Kuyper's Model of a Democratic Polity for Societies of a Religiously Diverse Citizenry," p.195.

[14] 凯波尔反对独立理性（independent reason）之概念的一个例子可以在加尔文主义系列讲座的第四场讲座<加尔文主义和科学>中找到。凯波尔在其中反对这些"常态主义者"（normalists）。他们"不找到一个可以解释所有现象的相同答案誓不罢休，竭尽全力反对……所有打破或检查因果逻辑推断的尝试。常态主义者试图把**他的意识**（consciousness）强加于我们，并宣称我们的意识必须和他们的一样。此观点无任何令人期待的层面。因为常态主义者若承认他的意识与我们的意识之间可能真有差别，那么他就会承认事物

凯波尔在他的观点上绝非后现代主义者——他相信这世界确实是单向的——但他对于人类确定世界的本质并就此达成一致意见的能力持悲观的态度。沃尔特斯多夫不仅认为鉴于人类理性的局限，这个独立基础论题是空想的，他还提出了另一个与这个政治自由主义的根基的分歧点。凯波尔认为根本没有一套思维方式可以与全面的宗教和哲学信念分离。政治自由主义把此类委身（commitments）视为基本合理性的"附加项"，而凯波尔认为存在真实且整全的宗教和哲学的思维方式。[15] 这不是说凯波尔认为每一个公开承认自己是基督徒的人都用整全的基督徒方式思考，即便他们理应如此行。凯波尔承认对于很多人而言，信仰只作为附加项。然而，无论何时，即使宗教委身真作为附加项，也是不合地连接于本就存在的世界观，而非连接在独立存在的合理性。

基于这些与政治自由主义的分歧，沃尔特斯多夫提出凯波尔的民主模式与现代审议模式类似。[16] 与政治自由主义类似，这个模式可以更准确地被描述为有关民主程序合理运行的一系列理论，所以反对简洁完整的总结。然而，根据沃尔特斯多夫的观点，这些审议理论中有一些共同点，其中的两点在此有助于与政治自由主义的对比。虽然审议模式在整体上与政治自由主义的第一和第四个论题一致，但是与第五和第六个命题正好相反。这些论题认为，众人在对正在斟酌的政策的讨论中，可以自由提出任何他们想要给出的理由，并且公共审议应朝向创造一个公平社会推进，恰与一个将个人自由最大化的社会相反。[17]

这些差异的结果就是，政治自由主义试图基于一种共同合理性（common rationality），在不伤害条款下，以尽量保证个人自由不被

的正常状态是有破绽的。相反，我们不会宣称在**他**里面可以找到**我们的**意识。" Kuyper, *Lectures on Calvinism*, pp.132, 137.

[15] Wolterstorff, "Abraham Kuyper's Model of a Democratic Polity for Societies of a Religiously Diverse Citizenry," p.197.

[16] 虽然沃尔特斯多夫并没有详细讲，但他在这里很可能指的是他自己著作中并杜威与斯托特著作中描述的那种民主类型。

[17] Wolterstorff, "Abraham Kuyper's Model of a Democratic Polity for Societies of a Religiously Diverse Citizenry," p.200.

侵犯为目的达成共识（或者尽量达成共识）。而审议民主（deliberative democracy）认为异见是不可避免的，并尝试在公共场合给予这些不同的意见以辩论的空间，希望这样的辩论不会变成高声争论，而是对包含不同观点之公民的公平社会的一次共同探索。沃尔特斯多认为，为了让审议模式成功，少数群体的观点必须服从多数群体，特别是当少数群体的一个或多个行为被大多数同胞公民认为并不公正时，他们实践的自由就会被限制。

在对审议模式描述的结尾，沃尔特斯多夫写道："凯波尔从未……清楚详述他自己推行的民主模式。但是我主张，如果一个人把他所说过的话收集起来稍作推断，那么他思想中的这种审议模式就变得一目了然。"[18] 显而易见的是，这从来不是对一个哲学重建最有力的捍卫。但是，凯波尔与以上审议模式与政治自由主义的两点差异，却强化了沃尔特斯多夫的观点。

在此对这两点各举一例。建基于上述提及的凯波尔对一个共同独立的合理性的怀疑态度，他反对在公共场合剔除宗教推理（religious reasoning）。他在《主啊，我深愿祢来！》（*Maranatha*）中写道，国家必须尊重宗教，因为

> 没有良知（conscience）的支持，权柄或政府就荡然无存；缺少良知的支持，权柄或政府则要以刺刀和手枪为力量……我们不希望、也根本反对在有关我们属灵生活事务上积极的政府行动。福音唾弃有权势者的扶助。福音需要的只是在我们国民生活的中心，按照福音自己本身的能力，以不受限制的自由来发展。……我们只拒绝以下一点：政府通过武装无信仰（unbelief）来强迫被各样法律羁绊和阻碍的我们，去与一个强有力的敌人进行一场不公平的斗争。[19]

---

[18] Wolterstorff, "Abraham Kuyper's Model of a Democratic Polity for Societies of a Religiously Diverse Citizenry," p.201.

[19] Abraham Kuyper, "Maranatha," in *Abraham Kuyper: A Centennial Reader*, ed. James D. Bratt (Grand Rapids: Eerdmans, 1998), pp.223-224.

另外，在加尔文主义讲座的第三场演讲中，凯波尔将他的领域主权与"1789 年在巴黎以反有神论的方式宣传的民众主权论（Popular Sovereignty）"对立起来。[20] 民众主权论"把主权的神推下宝座，而让有自由意志的人篡夺了空出的宝座"；相较之下，领域主权"教导我们将目光从现有的法律向上转移，看向神里面永恒正义（eternal right）的源头……以至高正义的名义去抗议法律中的不义"。[21] 考虑到这两个至关重要的分歧点，沃尔特斯多夫认为凯波尔推行的是审议的民主模式的断言，绝非不合理。另外，虽然把审议的民主模式归在凯波尔头上有点时代错置，但是当思考一个凯波尔式国家中公共讨论具体如何时，用现代审议模式是大有帮助的。

三. 关于边界条件的凯波尔式审议

借着沃尔特斯多夫对自由主义和审议民主的对比，并他把后者指定于凯波尔，我们几乎已经准备好回到海斯特和斯基伦第二个分歧点。但是首先，凯波尔关于国家角色的理解的一个重要方面需要予以补充，即社会领域和国家领域之间的关系。乍看之下，在缺少凯波尔所说遵行审议模式时，凯波尔在他加尔文主义系列第三次讲座中阐述的国家三重权利和义务的观点，看似与政治自由主义极为兼容。除了保护各个领域的边界和税收，国家唯一积极肯定的义务是保护弱者——支持类似政治自由主义的无伤害条款的方面。所以，似乎有理由如此认为，当国家不为保护弱者或保护另一领域边界这两个理由就禁止个体公民对一个领域——例如家庭——稍作改变时，国家就越界了。这就是说，如果国家因为宗教传统认为神反对同性婚姻就禁止同性伴侣结婚——创造一个家庭——这其实是违背了国家的三重权利和义务。

然而，此断言结果是非凯波尔式的，因为它忽略了一个事实，就是国家的三重权利和义务并非独立。相反，凯波尔是在一个更大、

---

[20] Kuyper, *Lectures on Calvinism*, p.87.
[21] Kuyper, *Lectures on Calvinism*, pp.89-90.

至关重要的义务中来表述国家的三重权利和义务；此更大的义务就是"不能忽视、修改和扰乱神的命令（divine mandate），并且这些社会领域在此命令下得以存在"。[22] 这个至关重要的义务如同一把钳子。一方面，根据凯波尔的观点，国家不能参与有关属灵事务的"积极行动"；但另一方面，国家有义务承认各个社会领域的本性为神圣的设立。把两者穿针引线般相连，这似乎表现出国家在重要的意义上必须是被动反应的。它必须抑制自己不强推某一宗教正统（或反宗教正统），而是接受领域的现状。当然，这引起一个问题：领域到底**是**如何的？也就是说，领域的实际本性为何？

对于凯波尔来说，这个问题似乎并不像看上去那么紧迫。根据凯波尔的看法，领域作为神在创造时制定准则的结果，是自己独立出现的有机的实体。在某种意义上，问"什么是教会或什么是家庭？"就类似于问"什么是蚱蜢或什么是湖泊？"在一定程度上，这个问题只能借着指向世上的实例并描述它们的特征予以回答。当然，这并不意味着不存在一些边界的争论，这种争论类似于有人会说一个湖泊其实是一个水塘。如果真想要回应这类异议，我们首先必须分辨所有湖泊的共同点和所有水塘的共同点，然后看这一汪水是与前者的标准更相符，还是与后者的标准更相符。同样，找出一个指定社会领域的必要和充分的特质对解决边界争论至关重要。

现在回到斯基伦和海斯特的分歧。他们的争论在本质上是边界的争论。海斯特相信家庭是可以建立在两个同性个体的结合上。斯基伦对此反对。除了这一个争论，斯基伦还认为海斯特在确定关于家庭领域边界的结论时，用了非凯波尔式的方法。具体而言，斯基伦还担心，海斯特认为"政府应该允许人们用认信自由来定义他们想要的婚姻"，否定政府"有责任对何为婚姻做出结构性的预先判断（pre-judgment）"。[23] 海斯特在作者回应中如此回击，他根本没有如此认为；他确实坚持国家有责任就婚姻的充要条件有自己的立场。[24] 确实，

---

[22] Kuyper, *Lectures on Calvinism*, p.96.

[23] Skillen, "Abraham Kuyper and Gay Rights," p.6.

[24] Fred van Geest, "Author's Response," *Perspectives: A Journal of Reformed*

他提出同性婚姻问题的关键点是要开启国家确定哪种类型的关系为婚姻的审议。换句话说，海斯特的主张并非是国家应该进一步放宽婚姻定义以容纳同性结合，因为他相信不这么做就会不公平地限制个人的自主权（一个自由主义的论点）。相反，他认为国家应该承认同性婚姻，因为（与斯基伦相对）他发现这样才符合家庭领域的正确理解。可以为斯基伦辩护的是，海斯特在原来的文章中并未清楚阐述此细微的立场。无论如何，在海斯特澄清自己的立场后，斯基伦给海斯特对国家和社会领域之间关系的理解贴上过于自由主义而非正确的凯波尔式的标签似乎是错误的。

然而，斯基伦在阐述自己婚姻合理结构的立场上的确无错，也不是非凯波尔式。诚然，进入有关国家对某一指定社会领域应该承认哪些边界线的公共审议，是再凯波尔式不过了。当然，在进入这种审议进程之后，斯基伦应该准备好面对有关此问题的其他立场。这些立场不仅包括较少限制性的观点，例如海斯特的观点，还有更加限制性的立场，例如特拉华州、马里兰州和弗吉尼亚州的州立法律的条款；这些州的法律要求婚姻设立时必须有一位宗教代表在场。

四. 结论

但愿现在可以清楚显明本文不能给出一个明确的凯波尔式的婚姻定义的理由，正如以上所述。虽然就哪种关系国家应该合理地视为婚姻给出**一种**描述肯定是可以的，但是在凯波尔式领域主权的理解下还有很多种描述可以商榷。前文提到过，这并非意味着对于婚姻没有一个合理的充要条件，亦非婚姻的结构是流动的，或婚姻结构主要是社会实践的产物。除了作为有机的家庭领域一部分的婚姻，若设想其他事物有神圣秩序（divine order）的赋予，就违反了领域主权。然而，因为罪阻碍人类理性对神的神圣计划达成一个确信，所以为了国家的认可而去查证这个神圣秩序肯定是一段持续不断的审议进程的产物。

Thought 18, no. 4 (2003): p.8.

毋庸置疑，这个结论面临一个明显的批判：我们无需在凯波尔式的情境下对同性婚姻是否为合理婚姻结构进行协商审议，因为凯波尔的立场非常明确。举例来说，凯波尔在他的默想＜男人和女人乃祂所造＞中写道，一个只有男人或者只有女人的世界将会"没有婚姻，没有家庭……没有血缘联系，没有追求和拒绝……一件单调乏味的悲伤之事"。[25] 鉴于此种婚姻和家庭的理解，不难看出凯波尔会认为同性婚姻非常离谱。所以，认同同性婚姻的想法必然越过了凯波尔式思想的限度。

然而，把凯波尔式传统的内涵缩窄到仅仅重复凯波尔在此问题上的立场并不可取。原因有二。首先，众所周知，凯波尔对家庭的理解在他一生中也有一个重要改变。在他生涯后期，凯波尔改变了关于家庭特许（household franchise）的立场，把单身女人和女性为首的家庭也涵盖其中。[26] 与把婚姻的定义扩大以容纳同性伴侣，这或许是一个小改变。但是与此同时，这个改变极为激进，足以造成抗革命党内的骤然分裂。其次，这伤害了凯波尔思想的原创性和深度。通过领域主权，凯波尔清晰阐述了一种基督徒与世界相处的方式。此方式严肃对待因罪而导致的人类理性和成就的限制，同时也对透过普遍恩典而有的进步充满盼望。有些立场赞成这种形式的参与却不同意凯波尔对于一个指定社会领域的全部理解。如果把这些立场全盘否定，无疑是把凯波尔主义限制在了一小套教理立场中。确实，如果沃尔特斯多夫认为将全面的宗教和社会观点纳入凯波尔式审议中的说法是正确的，那么这样的否定不仅是不公平地限制了凯波尔对世界的愿景，而且断然是非凯波尔式的。

---

[25] Abraham Kuyper, "Male and Female Created He Them," in *When Thou Sittest in Thy House: Meditations on Home Life* (Wyoming, Mich.: Credo, 2004), 80-81.
[26] James D. Bratt, *Dutch Calvinism in Modern America* (Grand Rapids: Eerdmans, 1984), 256.

第九章

"祸端"：凯波尔、宽容和美德

约翰·鲍林 (John R. Bowlin)

若说凯波尔对领域主权的理解推动了像宽容（toleration）一样的举动，似乎无人会反对。一个人不能既强调人类之善（human goods）、目标和活动的主权领域的多样性，又坚称一般而言无需宽容每个主权领域内发生的各种活动和追求的多种目标。凯波尔认为，不同领域的参与者必须按照不同的实质原则（material principles）而行；从这一观点也生发了"宽容"的恒久忍耐。"原则"指神学上的委身（commitments）、对善的判断和经验主张的集合；这些经验主张指一个人理所当然地在此或彼领域中行动，并假设不同的原则在同样一般类型的领域中产生了特定差异。[1] 学术研究（scholarship）可能在它自己的领域内享有主权，但并非所有学术活动都有同样的实质内容或者社会后果，于是宽容的需要就伴随着对这个事实的承认。论及一个被改革宗原则（一个强调一位"从根本上激励生命并战胜所有恐惧"的主权之神的原则）支配的学术研究的生命，凯波尔写道："我们因此提议在别人已经造好的建筑一旁再去建造。但除了外面的花园、窗外的风景和类似邮件的一样维持思想交流的出版物之外，别无相同之处。因为我们必须承认，一场观念之战是可能且必须的，并且会再三发生，但只发生在起点和方向的层面。"[2]

只要还存在主权领域，并且只要在领域之间有本体上的多重性以及内在原则上的多样性（principled diversity），这类战争就不可避免，所有人渴望的国内和平和社会和谐就会反复受一种预期的威胁，即普通的文化竞争会突然转向暴力。当然，正是这种不可避免和这种威胁让对此宽容的举动的需求相对恒定。如果有恒定的需求，那我们就可以放心地说凯波尔对领域主权的论述值得推崇，这不仅是宽容的**行为**，还是那些宽容之举的习惯表现。换句话说，这乃是推荐将宽容想作一种美德（virtue）。当然，如果宽容**是**美德，那它就必须属于公正（justice）的一部分。为什么是公正呢？因为宽容尊重我们对那些威胁破坏我们各种社会和政治关系的诸样差异和异议的回应，而公

---

[1] Abraham Kuyper, "Sphere Sovereignty," in *Abraham Kuyper: A Centennial Reader*, ed. J. Bratt (Grand Rapids: Eerdmans, 1998), pp.484-486.

[2] Kuyper, "Sphere Sovereignty," p.486.

正是普遍尊重那些关系之完善的美德。这一点是显而易见的。

不太明确的是另一个事实，即宽容帮助完善与我们自己的关系，完善与我们视作同伴之人的关系。宽容不是一种像很多人臆想的美德，借着让人心存恐惧的无所寄托的个体（现代政治理论中的麻木之人）的集合，掌控我们与陌生人、外国人之间的关系，只有在缺少社会纽带和感情时才会出现，或栖息的在自由主义的阴影世界中。不，宽容尊重那些已视彼此为一些社会团体的成员之人彼此的差异，而宽容行动的发生至少在某种程度上是为了他们共同的生活。借着这些观点，宽容从凯波尔对主权领域的描述中萌发，这正是因为他假设了有一种先行的社会纽带，将那些在一个共同事业中参与各样主权领域的人团结在一起。这个先行的事业当然就是政治。各样领域的参与者分享一个共同的政治生活和身份，这就是为什么当他们在不同领域的活动和原则中遇到他们反对的一些内容时，必须宽容的原因。综上所述，主权领域产生了对宽容的需求，并不是因为这个理论假设了人类活动不可削减的多样性，而是因为它主张一种超越我们各样差异的合一。我们容忍那些在其他方面令我们厌恶的事物，因为我们已经跟那些得罪我们的人分享一个生命，因为我们认出他们是我们中的一员，我们是他们的一员。

语言、历史、民族（ethnicity）可能调节此共享的政治生活和身份。此宽容的基础，正如它们在凯波尔时代的荷兰所起的作用一般，但是现在它们无需如此。重要的是这个共享的政治生活，无关乎起源;这反过来不仅给宽容提供了理由，而且授权负责顾全政治团体之善的人管控各种不同主权领域之中和它们之间的关系。它让国家成了"领域中的领域"，国家借此在领域和领域之间调节，毫无疑问有时还得强制执行宽容的机制。[3] 当然，借着这种权力，国家倾向于逾越自身领域的界线，侵占其他领域的主权，所以领域主权必须常常在国家

---

[3] Kuyper, "Sphere Sovereignty," pp.468-469.当语言、历史和民族调节政治方面时，移民就很难认同政治团体，很难参与其共同的生活，也很难参与基于主权领域的宽容的机制。对近期荷兰历史的这些困难的详述，见I. Buruma, *Murder in Amsterdam: Liberal Europe, Islam, and the Limits of Tolerance* (New York: Penguin, 2006).

主权前自卫。[4] 无论如何，一个能在自身主权领域内行使恰当权柄，表达百姓政治生活，（无论多么轻微地）表达共同的爱，（无论多么微弱地）表达共有渴望的国家，将会给他们的互相宽容提供一个框架。

这一切有关凯波尔和宽容的事实都被人熟知，无需赘述。相反，我要考虑的是凯波尔在对普遍恩典论述中所假设的一般性美德的描述。这个描述虽未明显与宽容有关，却为理解某些混乱我们对美德之理解的困惑，和某些源于这些困惑的怨恨提供了一种框架。

如果存在对一般性美德和具体性宽容的凯波尔式描述，那么正如凯波尔所做的，就要从圣经的救赎戏剧（drama）开始，因而从他对自然和恩典之间令人烦恼的关系的论述开始。起初，神创造万物，并称一切为好的，将人类安置于伊甸园中。无论是内在还是外在，祂都用"一种四围环绕又渗入内心的恩典"掌管着他们的生活。[5] 亚当的不顺服让人类面临无秩序、毁灭，还有"完全生效的死亡"，但是神介入并赐予自然一种"普遍恩典"。[6] 这种恩典的首要活动就是"抵制、阻止、重新定向无此恩典便会导致的罪的后果"。[7] 它"转移了咒诅的致命后果，让起初创造的万物，虽受痛苦，却可能也能够继续存在下去。"对我们现在来说，这份普遍恩典保证了被造生命的存在和伊甸之东的短暂历史；在伊甸之东，人类的力量涌现、发展、改变生活的外在条件，同时在人类和人类历史长河中，美德与恶习总在交战。当然，此生活和历史形成了一个神的护理掌权、救恩施行救赎和再造的大背景。[8] "得救的人是'在基督里新造的生命'"。然而，一直以来，这人都是在为神荣耀作见证的普遍恩典的保护下免受罪的攻击。[9]

凯波尔对普遍恩典之下人类生命、美德和历史之特征的有些论述

[4] Kuyper, "Sphere Sovereignty," pp.468-469.

[5] Abraham Kuyper, "Common Grace," in *Abraham Kuyper: A Centennial Reader*, ed. J. Bratt (Grand Rapids: Eerdmans, 1998), p.167.

[6] Kuyper, "Common Grace," p.167.

[7] Kuyper, "Common Grace," p.168.

[8] Kuyper, "Common Grace," p.181.

[9] Kuyper, "Common Grace," pp.174, 168.

必须予以拒绝。20 世纪已过，凯波尔关于外在事物——科学、工业和艺术——会不断进步和智慧、爱和美德会不可避免衰退的言论，显得同样令人惆怅和天真。[10] 五旬节和基督再临之间的时代并不是"神计划中的一片空白期"；它实在具有"一个目的和目标"，将有"最后的决定"；可以推定的是，这决定将会证明神之掌权的正确性。凯波尔合理反驳了对此观点表异议的人。但是这些事关乎信心和希望，而不是知识或推定。[11] 在奥古斯丁《上帝之城》第 19 卷中出现的公正的地方官是一个比较好的例子。他承认神掌管历史，并且这一主题塑造了人类的行动，但他所行的审判并不顾及这两者。无意的伤害接踵而至，致使他不得不屈膝。最终，他祈求解救，盼望中坚忍，但他声称不知道有何进展，也未发现衰败的证据。[12]

在普遍恩典之下，人类生活其他令人烦恼的特点更接近我所欣赏的事物。神**使用**压抑、悲伤和错误为杖，领人至美德；祂在普遍恩典之下**保存**生命，作为一种道德和属灵的训练营。在我看来，借着对"神

---

[10] 凯波尔就进步（progress）写道："普遍恩典打开了历史，解锁了一大段时间，启动了许多持久的各种事件。简而言之，这突然引发了一系列连续的世纪。如果这些世纪并不是朝向对相同事物无止境、无变化的重复，那么在这些世纪发展过程中，人类生活必有不断的变化、修正和转变。虽然这期间经历了愈发黑暗的时期，但是这种改变一定会点燃更多的光亮，不断丰富人类生活，因而具有从少到多持久发展、生命渐进地不断丰富展开的特征。如果一个人想象一下霍屯督人在部落中的生活，对比现在欧洲社会一个有高教养的家庭，那么他们之间的距离和进步瞬间可见。虽然人们在每个世纪末都惊异于一个世纪的进步，觉得难以想象还有进一步的发展，但是每一个世纪总是教会我们所添加的新事物都超过我们曾经所想象的"（Kuyper, "Common Grace," p.174）。这种进步的观念裹挟着一个人对自身的欣赏，还有对他人若非轻蔑也是不屑（或许甚至是种族蔑视），这应该不太让人惊奇。正如凯波尔所见，这种在科学、工业和物质舒适上的进步并不伴随着道德和灵性上的进步。他因此写道："但是在末后，不会是这**两种**行动在'伟大的巴比伦'中臻至完美。在审判之日坍塌的此世界力量的荣耀主要由第二种发展组成。外在生活的丰富会与内在生活的贫乏携手相伴。影响人类心灵、人类关系和公共实践的普遍恩典会一直削弱，同时另一个丰富和满足人类头脑和感官的行动将达到高潮。一座恢弘的白色陵墓，充满发臭的骨架，外表光辉而内有死人——这就是等待审判的巴比伦之模样"（Kuyper, "Common Grace," pp.181-182）。

[11] Kuyper, "Common Grace," p.175.

[12] Augustine, *City of God: Against the Pagans*, trans. R. W. Dyson (Cambridge: Cambridge University Press, 1998), 19.6.

就是爱"的信靠，这些说法必须予以拒绝。与此同时，不可否认的是，人类生命因普遍恩典得以保护，免于混乱和死亡，但还是充满困苦与悲惨。此外毫无疑问的是，美德以某种方式指向了这些特征。凯波尔认为，正是在这里，美德和痛苦，护理与困苦交汇在一起；"祸端"就在这里。[13] 我们所钦慕与赞美的美德，结果与我们避之不及的痛苦与困苦无法分开。我们可能会与奥古斯丁的智慧人一同祈求脱离这个美德与痛苦、品德与困苦如此紧密相连的生活；我们还可能为这命运恸哭。但是对凯波尔来说，这个祷告与这个命运在普遍恩典之下仍有美德之生命的普通特征。

正是凯波尔社会观点的这一面，让我觉得既令人叹服，又无法避免。他在这里立于一个能够追溯到亚里士多德的传统中。这个传统认为美德并非人类施动的（human agency）**绝对断然**的完美示例，而是与人类生命的困苦与悲惨匹配的完美示例。优秀卓越临到我们的施动性，若真以某种方式临到，也只在挣扎和悲痛的处境中，只作为解决人类生命的亏损、弱点和不确定之处的美德——我们发现这个人类生活被罪打乱，借普遍恩典得以保存，等待着救赎和再造。[14]

凯波尔所假定的这一切，当我们在考虑宽容时必须反复提及。为何如此？因为宽容作为一种美德，常常会被列在恶习之中；因为它时常激起抱怨和憎恨，也因为这种回应与这些事有关，与美德和困苦之间的关系有关。我将如此论证。在表面上，我们大多数人都建议用宽容的回复应对目的和领域、承诺和生活方式的多样化。但是稍微深入，我们就能发现广泛且持续增长的不满。左翼、右翼、中间派在我们时代宽容的批评者们中就像军队，他们所有人很快就指出宽容所要求的道德衰落和背叛；若非如此，那么所宽容的就必须忍耐降卑和审判。

用谷歌快速搜索一番就能肯定此种表面的赞扬与深层的不满。称赞美德和鼓励高尚行为的网站，总会被相差无多的详述其愚昧、攻击

---

[13] Kuyper, "Common Grace," p.175.

[14] 这里有一个重要的差异。虽然一个拥有亚里士多德式美德的人无需掌管他判断和盼望的末世论视野，就可以认识到美德和痛苦、优秀卓越与困苦之间的关系，但是他不会为此哀叹，也不会为克服它而祈祷。

其不公的网站予以反击。保守派评论家似乎最喧闹。举例来说，布鲁斯·鲍尔（Bruce Bawer）就有一篇标题稍显尴尬的文章，《宽容或死亡！》。[15] 我想他的意思其实是"宽容和死亡"；不过这无关紧要。他在文章中认为，让自由主义民主政治独树一帜的这种宽容并不与当代相适。正是此美德让伊斯兰教神学家鼓吹憎恨，让恐怖主义者杀害无辜者。类似地，马可·斯蒂恩（Mark Steyn）认为，当自由主义民主政治的生活方式遭受内部道德败坏和外部不公的暴力挑战时，此民主政治就不能有力而自信地发挥作用。从小接受耐心忍耐、和谐相处的开放思维教育，自由主义民主政治的居民——斯蒂恩是说我们这帮人——通常会以更大的宽容来回应这些挑战。他们只会畏缩且愚昧地下结论说，对他人的非宽容、他人的弱点的不宽容无非就是不可宽容。[16]

即使是宽容的支持者们对宽容也只有弱弱的称赞。他们认为宽容的态度和行为对处理大大小小的异议和差异是有用的，甚至可能是不可或缺的，但是这样的赞美很少超越工具性的描述。宽容是好的，因为它帮助我们越过差异而和平相处。换句话说，在事实上，如果能够不用宽容就相处，我们就不会选择宽容了。确实，这样的认可不太热情。

对这种明确的憎恶与微妙的讨厌的标准解释就是如此。对于施行宽容的人和被宽容的人，宽容并不让人愉悦。很少有人想要去忍耐我们不喜欢的差异，也很少有人想要因为我们无法放弃的差异而被别人宽容。施行宽容的人并不想克制自己的愤怒，被宽容的人则更喜欢被接受。前一个行动带着遗憾，后一个行动则略带感恩地接受宽容。两者都更希望生活在一个无需宽容的世界。考虑到这样的反应，也难怪宽容遭人憎恶，它在美德中的地位也被质疑。以上就是标准的解释。

但是这样的解释并非正确。公正恰恰也是因此而令人不快。但

---

[15] B. Bawer, "Tolerance or Death," *Reasononline*, November 30, http://www.reason.com/news/show/33002.html.

[16] M. Steyn, "It's the Demography, Stupid," *New Criterion* 24, no. 5 (2006): pp.10-19.

是除了暴君式凶恶之人和哲学上疯狂之人——除了特拉西马库斯（Thrasymachus）和尼采——没人憎恶公正自身，或建议将公正从美德的列表中移除。所以，标准解释并不成立。得找到对宽容不满的其他源头，而当我们注意到美德和困苦之间的关系时，这一个源头就出现了。若要看这如何达成，我们先思考以下施行邻舍间宽容的契机。

一家成人书店在你的街区开业了，就坐落在公共图书馆对面，离邮局和学校两个街道。或者，假设你生活在路易斯安纳州，你的邻居在他屋后的草地上搭了一个小屋，成立了羽毛战士斗鸡俱乐部。每个月举行两次活动，从各地来的人们在公鸡们身上下注，它们又啄又抓，直到一只公鸡气喘吁吁、全身鲜血，另一只则在灰尘土中死去。又或者可能你生活在佛罗里达州南部，一个萨泰里阿教（Santerian）祭司搬到了你隔壁。他和他的妻子养鸡、鸽子还有山羊。这些动物不是拿来吃或作伴，而是作为祭牲，用来照顾和供养瑞莎神灵（Orishas），就是这个世界的神明。看起来这对夫妻牧养了一群信徒，这些血腥的仪式就在他们家中举行，很可能就在专门朝拜用的地下室中举行。最后再或者假设你生活在俄克拉荷马州的乡村，与印第安人教会有一个街区的距离。在这个教会，你的同胞们按照惯例会在神圣的庆典中吞下致幻性的仙人球。

每一个例子似乎都需要宽容的态度和宽容的实践。很多人反感上述例子中的活动——销售色情书籍、赌博、斗鸡、动物献祭和使用致幻的植物。这些活动很可能给和平共处带来难题。同时，让我们暂时假定这些活动并不属于约翰·洛克（John Locke）所说的"公民利益"（Civil Interest）。这些活动看似无外乎那些外在事情——生命、自由、健康和财产——不归"民事长官"（Civil Magistrate）的管辖。至少，这些活动似乎不会威胁公民利益，不必受"为保护这些利益而制定的公共正义与平等的法律"的约束。[17] 准确来说，这些活动看上去居于不能容忍的有害之事和无害又不招反感的事之间；这两个极端构建一个疆域，其中宽容的行动可以化解组织协会的问题（the problem

---

[17] J. Locke, *A Letter Concerning Toleration* (Indianapolis: Hackett, 1983), p.26.

of association）。同时，当乔治·弗莱彻（George Fletcher）考虑这是否可行，这些活动是否在宽容的范围内时，他就是在为许多人发声。他认为宽容的心理动态和运用宽容的短暂历史会让我们另有结论。那些最初在态度或实践上有所施行宽容的人，将很可能屈服于这种心理动态并延续这种历史。他们要么不再反感最初他们反感之事，然后采取其他态度，或冷漠，或接受，或一反常态而夸大他们的控诉。他们不再认为这些差异是令人反感却可宽容的，而是具有不可宽容的有害性，因而必须受制于法律的强制力。

　　为什么一个人对令人反感的差异很可能会有这样的变化过程呢？根据弗莱彻的说法，因为宽容本质上是不稳定的。宽容的核心是一个心理冲突，就是最初可宽容的事物很快就变得无法宽容，不可忍受。他们必须忍耐他们不喜欢的事物，在同等条件下忍耐更愿消除的事物。他们的反感很自然会生出"一种干涉和规范他人生活的冲动"。同时，某些理由会说服他们"要克制这种冲动……承受不愿面对之事的痛苦"。[18] 还有，既然所有那些承受痛苦之人"可以被人体谅地选择较易的途径"，那么宽容之人通常会再思令人反感却需要宽容之痛苦行动的活动或事物，并将此活动或事物定位于不可容忍的有害事物或无害又不招反感的事物（这两个极端标志了宽容疆域的外部界线）。

　　近期的历史似乎肯定了弗莱彻的预感，就是面对由令人反感的差异所造成的组织协会的问题，宽容是一个不太可能也不稳定的解决方案。请思想近期对色情的回应如何在两个极端之间来回，同时又狡诈地绕开宽容的中间地带。有些人认为色情伤害了女性，正是因为它色情化了力量的不平等状态。如此，色情行业需要被法律管制，而不是在不正式的协议之下被宽容。[19] 在 20 世纪 80 年代中期的一段时间里，很多人都觉得这个理由非常令人信服。在明尼阿波里斯市（Minneap-

---

[18] G. Fletcher, "The Instability of Tolerance," in *Toleration: An Elusive Virtue*, ed. D. Heyd (Princeton: Princeton University Press, 1996), pp.158-159.

[19] K. MacKinnon, *Toward a Feminist Theory of the State* (Cambridge: Harvard University Press, 1989).

olis）和印第安纳波利斯（Indianapolis）的城市议会就通过了一个条例，允许那些认为自己被色情作品伤害到的女性对任何制作或销售色情作品的人提起民事诉讼。但是这些条例因为违背《宪法第一修正案》而无效；即使它们有效，人们对色情作品的态度当时也正在改变。20 世纪末，色情作品和与其相近却更加温和的其他作品已无处不在。在绝大多数美国家庭，只需点击一下鼠标或换个频道就能见到这些。被过去一代人视为令人反感的色情作品，现在已被广泛接受；即便不是接受，至少现在也已变为一件不太受关注的事情了。

或者我们来看一下曾经在三个州非常流行的斗鸡比赛的结局。没有人对这项活动漠不关心。在小镇和遥远的小郡里的很多西班牙人或印第安人后裔中，斗鸡依旧是一项贵族活动，一个古老的传统，一个向无视乡村生活和地方传统的更广泛的文化发起顽固抵抗的标志。在城郊和城市中，这项活动会引发恐慌，甚至更明显的窘境。有人可能觉得互相宽容也许能够应对这些差异，进而给双方带来益处。宽容能够让一方更好保护一项珍视的传统，并认识到乡村生活的差异和价值。与此同时，它令被高科技包围的城郊居民和国际大都市居民仍旧震惊，然而又鼓励他们脱离窘迫。但是事情还是照着弗莱彻的预言被解决了。由于斗鸡活动对搏斗的公鸡产生无法让人接受的伤害，并对观看的城市居民造成微妙的道德威胁，俄克拉荷马州政府在 2002 年通过公民投票禁止了斗鸡活动。新墨西哥州紧接着在 2007 年对此予以禁止，路易斯安纳州则在 2008 年同样如此行。

无需借助宽容的持久忍耐就直接解决异议和差异所造成的联合之问题的渴望，还可见于最高法院对印第安人教会中使用致幻的仙人球的回应。正如斗鸡一样，一件也许只是令人反感而很可能被宽容的事情，被法律裁定为无法忍受的有害事件，以至于要被禁止。[20] 但是在其他例子中，这样的改变并不容易产生。

---

[20] 见*Department of Human Resources of Oregon v. Smith*, 494 U.S. 872 (1990). 作为对史密斯案的回应，国会在1993年通过了《宗教自由恢复法》（Religious Freedom Restoration Act of 1993）。该法案继而被最高法院借*City of Boerne, Texas v. Flores*, 000 U.S. 95-2074 (1997) 判为违宪。

思考一下前述发生在南佛罗里达州萨泰里阿教中动物献祭这件让人反感之事。这件事造成的伤害被记录在案，一些法规相继通过。但是法庭每一次都不支持那些想要限制这项活动的人，在很大程度上是因为在辩护时所提出的伤害并非实质性的伤害，而是很普通的伤害。在特定情境下，萨泰里阿教献祭使用的动物可能会对公共健康造成威胁。但是这些威胁与乳牛业和鸡场养殖业所带来的威胁非常类似，以至于我们会怀疑，这些法规的制定只是要阻止一项仅令人反感的活动，而不是具危险的伤害性事件。[21] 尽管如此，当弗莱彻所说的动态思维活动如此发展，其他对令人反感之差异的回应毫无疑问就会产生。如果他的预感正确，那么这种回应就绝不可能是宽容。冷漠会加剧，还有可能是接受现实。如果不是这两者，那么其他反应也毫无疑问会绕开宽容之人所忍受的痛苦，去做一件弗莱彻认为绝无可能成功的事，即克制他们想对令他们反感之事采取不宽容之行动的冲动。

当然弗莱彻的话有一定道理。宽容**确实**很难保持。对这个或那个的反感，想要去干涉，同时还得克制这样的想法——这些的确是痛苦又不稳定的心理状态。另外，如果弗莱彻关于宽容的评断真被视为权威和详尽的，那他的描述肯定会引发批评者的控诉。令人反感的差异这么多，宽容通常被建议为解决随之而来的组织协会的问题（the problems of association）的方案。与此同时，我们被告知宽容的心理状态并不稳定，不能持之以恒。我们之中那些想要一直维持宽容心理状态的人最终只会陷入冷漠或接受的态度。这些态度当然会产生宽容的**行为**。我们继续生活，也让别人生活下去，但并不是因为我们努力融合反感与克制，而是因为我们没有以信念持守；或无法如此行，要么就是因为我们选择接受那些我们勇敢正直的前辈们觉得令人厌恶、无法宽容的事物。无论是哪种，我们鼓励在实践中去使用的宽容策反了我们贫乏的美德，让我们限于一种为人不齿的虚无主义、不忠诚的

---

[21] 更多关于美国最高法院就佛罗里达州海厄利亚市提出禁止动物献祭的判决内容，见*Church of Lukumi Babalu v. Hialeah*, 113 Sup. Ct. 2217 (1993)。另见 Fletcher, "The Instability of Tolerance," pp.163-164。

道德软弱中。基于这种描述，宽容就成了一种伪装的恶习。即使我们在宽容的人中，宽容也在鼓励我们与有恶习的人和平共处。虽然宽容被人称赞，但是为什么不被人憎恶呢？除了这些承诺（commitment）和推论，还要加上一个普遍信念：宽容仅仅出现在现代、自由主义的社会；有人说正是这种社会鼓励了这种道德崩溃，于是这种憎恨就在一片假设和批判的大背景中被确认了。

当然，这些不是弗莱彻的推测和结论。他无意赞扬或埋没宽容，只是指出宽容的不稳定性。但是，宽容的最常见的批判者假设那些鼓励宽容差异的人事实上是在推崇道德崩溃，而弗莱彻安慰了这些批判者，因为他肯定了这个假设。

现在我们来思考弗莱彻描述的另一种不可能之宽容和令人反感之差异的动态，其指向宽容的其他界线。在此，令人反感却还能宽容的事物被重塑为不可忍受地有害性的事物；一个人可能会如同弗莱彻般下结论，这就是宽容的终结，在某种程度上就是如此。对反感事物有持久宽容态度的困难的确会带来这种重塑。于是当成功之后，这种重塑当然就结束了宽容的态度和行为。

但是在某种意义上，这种自我消耗的动态正是宽容所包含的，或者至少在洛克著名的阐述和辩护中如此。在洛克的论述中，宽容的对象都是那些不在民事长官管辖权下的活动和事物，这正是因为它们对受保护的公民利益并无影响。[22] 洛克认为这些活动和事物无关紧要。这个观点即便不让人生疑，也有些误导性。某些个人和团体可能不会对一些民事长官漠不关心的活动或事物不闻不问，但是这无关紧要。漠不关心只与公民利益挂钩，这种挂钩决定了宽容的范围。一个人可能反对不同事物，但只要这个事物在民事长官的漠不关心之行为或事物的清单上，这个人就不会以法律的强制力作为回应。在这种情况下，宽容是最好的。当然，情况可能改变，一些曾无关紧要的事物可能被重新思量，民事长官的看法在这里尤为重要。

洛克举了"用水为婴儿洗澡"的例子。就这件事本身而言，清洗

---

[22] Lock, *A Letter Concerning Toleration*, p.39.

并不令人关心。所以如果有人反对把婴儿带到某处教堂内清洗,那么也不会有人呼吁民事长官予以废除。通常,这件事不在民事长官的管辖权之内,但也有特例。"如果民事长官知道这样的清洗对任何幼童会得的疾病有治愈或预防之功效,那么就会重视此事,要用法律规范。在这种情况下,这位民事长官可能会下令执行这件事。"[23] 就这种情况而言,不去清洗一度是无关紧要的事,现变成有害之事。

注意这个变化的后果。宽容需要一个漠不关心的范围。在洛克的描述中,民事长官才可以决定这个范围。因为任何无关紧要之事几乎都能成为公民利益的对象,所以只有当民事长官的治理变得潜在无限制时,宽容才成为和平共处问题的解决之道。在恰当的处境下,团体和个人能否决他们对任何一项无关紧要的活动和事物的权利;虽然在他们其他承诺下,他们不会觉得这些活动和事物乃无关紧要。对许多人来说,这个结论显然让宽容成了一个对令人反感之差异所带来的问题的无把握或可能危险的解决方案。当这个政治动态与弗莱彻所描述的心理动态相结合时,宽容就成了很多批判者所说的无法宽容的事物了。根据这些批判者的观点,每一次为美德的辩护都包含对管辖人民事务的潜在无限制的国家职权(authority)的一种微妙辩护。宽容的推崇者们可能并未**想要**以这种方式扩大国家权力(power)的范围。但可以肯定的是,他们倡导的宽容意外且变相地产生了这种结果。在这个不受欢迎的后果之外还有弗莱彻所说的宽容之人必须承受的不可能的心理需求;于是,一个有害的混合物显露出来。由于民事长官扩大在无关紧要之事上的国家职权,将一些事归属于不可忍受之有害的事,因此削减了宽容的领域,这些需求得以规避。既然如此,那些尝试忍受宽容的痛苦行动之人会倾向于追求这种缓解的途径;而众所周知,民事长官定会予以满足。

当然,没人会责备洛克意欲扩大国家权力去触及无关紧要的活动和事物,而多数个人和群体甚少认为这些活动和事物是无关紧要的。其实,他的目的正好相反。他想保障地方性的控制权和个人自治权。

---

[23] Lock, *A Letter Concerning Toleration*, p.40.

尽管如此，对这些批判者来说，一个体现洛克所描述之宽容的政治文化结果通常是一个暴政，这正因为它在各种事务上赋予民事长官太大的权力；这些事务理当服从中间组织协会（associations）——家庭、教会、协会等——管辖权。[24] 由于宽容的出现跨越了不可容忍的有害之事物和令人反感却无关紧要之事物的分界线，并且民事长官可想而知会根据国家的公民利益来明确此分界线特征，所以每一次对宽容的辩护事实上成了对国家权力的辩护，也是对有一天可能证成（justify）侵入这些组织协会事务之条件的辩护。同样恼人的还有一个事实，即宽容的范围将变得和政治权力一样被人争议。宽容也会落入反复无常、毫无理智和权力时有的暴力性变迁。不论哪一种——不论是作为争抢之物还是权力政治的参与者——宽容是否会传达它所承诺的，这一点完全不明确。宽容的支持者们坚称宽容可以带来公民和平，因为它保护自由免于国家的侵入，但是宽容的反对者们也有理由质疑宽容是否能做到。

在这里，弗莱彻也跟之前一样，目的是描述性的，而非批判性的。但是如果他对不稳定的宽容的描述被严肃看待，那么他的哲学努力再次遮盖了这些控告。同时请注意，一旦这个遮盖和这些控诉，与宽容在类似我们社会中所受的赞美相结合，憎恨就会随之而来。如果宽容就等于**如此**，即成了美德的假象和对我们就普通组织协会之权力的威胁，如果宽容还被提倡、使用和赞美，那么可以肯定的是，我们不仅会反对宽容的行为，憎恶对它的赞美，还会抵制鼓励同胞们举荐宽容的条件——生活和承诺的多样性。

幸运的是，我们并不完全确定弗莱彻关于宽容的评论已穷尽一

---

[24] 对这些观点进一步的有力陈述，参A. J. Conyers, *The Long March: How Toleration Made the World Safe for Power and Profic* (Dallas: Spence, 2001)。当然，康尼尔斯（Conyers）尝试设想一种没有变质的宽容到底是如何的（他结论的一章标题为"高度宽容"）。在这个控诉和改进的结合中，康尼尔斯的努力类似J. Budziszewski, *True Tolerance: Liberalism and the Necessity of Judgment* (Piscataway, N. J.: Transaction, 1992)。他们共同的错误在于，为他们的抱怨找这个或那个宽容的描述做解释，然后当把一个美德假象错误地当做真实的事物后，才让他们替换了最喜爱的解释。我们在下文会看到，这是一个普遍的错误，即追随奥古斯丁的道德技巧。

切，或批判者就这些评论而得的推论在事实上可以证成。请首先思考一下弗莱彻所描绘的心理动态。他确实是对的，同时反对和忍耐**是很**难的。我们当中很多人会逃避这种困难，寻找对待令人反感之活动和事物的其他态度。同时，这个普通的道德弱点是否足够支持弗莱彻的结论，即宽容过于不稳定而不能被推荐为由异议和差异造成之问题的一个可能的解决方案。如果我们假设宽容是一个自然的人性卓越品质，如果我们把宽容置于其他道德美德之中，那么我们很快发现弗莱彻研究的心理动态也属于对一般美德特质的区分，而非特别的宽容。若然，那么弗莱彻对宽容的质疑就无法成立。若真是如此，那么从困难到控诉、从不稳定到憎恶的推论也很难证成。或换言之，若弗莱彻对宽容的质疑因它与其他美德共有的心理动态而成立，那么我们会期待他也会去质疑公正、勇气和其他美德；当然，他没有如此行。我们也会期待宽容的批判者把他们的控诉和憎恨延伸到其他美德上；当然，他们也没有如此行。如果我们认为宽容属于美德，那么我们很快发现宽容的不稳定性并非独特，正如那些不具美德之人会深陷的、因宽容而导致的道德陷阱并非独特一样。同时，我们发现宽容**确实**和其假象有一种特殊的关系。当这些假象和宽容与一般美德共有的心理动态结合时，它们**的确**会给混乱并憎恨留下地步。

我们再来思考一般的美德，先从亚里士多德在《尼各马可伦理学》（*Nicomachean Ethics*）卷二中的权威描述说起（1104b5-1105a16）。一般而言，每一个美德都完成大致相同的功能。为了那些值得选择和难以认知、渴望和获得的事物，各种美德一起完善了我们认知、渴望和行动的能力。假如这些事物并不值得选择，那么我们就没有理由在行动中去爱或追求它们。假如这些事物并不难以认知、喜爱和获取，那么我们也无需借习惯自我完善，以求对这些事物有良好的回应，并用实际行动来追求这些事物。当我们行事，需要很多习惯来完善我们的施动（agency），并且每个习惯因其所重视的良善和所处理的困难而有别于其他习惯。于是，举例来说，当我们给予别人应得之物时，有些善就在这个人类事务中达成了。[25] 同时，我们当中多数人都知道

---

[25] 这里我追随阿奎那的思想。见Thomas Aquinas, *Summa Theologica*, trans. Fathers of the English Dominican Province, rev. ed. (New York: Benzinger Brothers, 1948), I-II. 60.2-3; II-II.58.3。文中对此书引用都简写为*ST*。

亚里士多德的最伟大解释者阿奎那所指明的："很难找出和建立合理的途径"在各种情况下给予别人实际上应得之物（*ST* II-II.129.2）。正因如此，我们需要理智的美德（intellectual virtues），特别是审慎（prudence）。由于同样的原因，众人皆知存在某些"建立人类事务中之诚实品行的障碍"；特别是各种激情（passions），它们常常混乱我们对正确或良善的判断力，还会制止我们做出采纳正确的动机、恰当的选择和可嘉的行为的更优判断。正因如此，我们需要节制、勇气和其他美德。这些美德能够完善我们与各种激起我们各样欲望的事物之间的关系（*ST* IIII.123.1）。最后，我们当中大多数人都觉得很难借着习惯的恒久性与生活中的各样事务保持公正的关系，所以我们才需要和称赞公正。

请注意我们一旦同意道德美德关注的是困难和良善之事物会带来的后果。美德之人是那些追求良善的人——习惯性地、即时地、愉悦地追求——即使各样的困难威胁着要打断他们的追求。[26] 这种不稳定性的缺失就是它们的完美所涉及的。这种品格的持守正是他们强大之处，他们极尽能力去行（*ST* I-II.55.1.1）。举例而言，勇敢的人不仅能很好地回应普通的困难和常见的危险，更能很好地应对艰难险阻与倒悬之危。面对这些更严峻的威胁，他们恰当地以害怕和勇气回应；这反过来又能让他们做出正确的判断，行出他们所知最好的良善之举。这些威胁和它们诱发的混乱激情给正确的行动造成障碍。毫无夸张而言，这些障碍被勇敢之人和他们已成习惯的性情所克服，从而在每个情况下他们能用正确适当的激情回应这些障碍。诚然，对勇敢之人而言，这些公正和有价值之行为的障碍根本算不得障碍。

相较之下，我们之中那些缺少美德或没有美德之人，无法做出勇敢之人的一般回应。对我们而言，这个世界的困难和危险仍是我们希望达到的良善和希望拥有幸福的重大障碍。当我们被告知必须要勇敢，给美德一个机会，我们却因美德本身的严格退避三舍。通常情况

---

[26] 所以，如果一个人"在可怕的处境前站立得稳且享受此事，或者至少没有觉得痛苦，那他就是勇敢的；如果他觉得痛苦，那他就是怯懦的"（Aristotle, *Nicomachean Ethics* 1104b7-8;文中的引用都简称为*NE*）。

下，我们孱弱动摇的美德在挑战下崩塌。于是，我们重新定义要选择面对的情境，减少我们用美德来应对的需要。我们可能总结我们本希望达到的目的，就是需要借着勇敢的行为而达成的目的，其实不过是一件无关紧要、并非渴望之事。或者如果证明这么做是不可能的，那么我们还可能继续追求这个目标，但是会坚称追求过程中带来的无法接受的威胁事实上是可接受的。被威胁的良善其实并不如我们起先想的那么值得关心和喜爱。或者我们会主张为达成此目的所提议的途径，就是会产生各样困难和危险的途径，其实远未达到最佳；还有其他轻省的途径更加稳妥。所有这些伎俩都耳熟能详，让我们有借口逃避美德之人应行之事，借着欺哄来规避美德的要求，并产生终被揭露的道德姿态。[27]

如果以上描述是对的，那么看来不稳定性会困扰每个不完美的美德，而非仅是宽容，而这个共有的困扰似乎是每个美德所关注的困难的一个寻常后果。鉴于这个一般美德的寻常特征，宽容会融入其他一些道德姿态的趋势就很难证成弗莱彻对宽容为公民和平的一个来源的疑惑。勇敢、公正和其他美德展现出类似趋势，但是没有人诉诸这个事实从而建议我们可以（或应该）抛开这些趋势继续进行。相反，我们绝大多数人都会承认在最需要美德行为的极端情况下，要像有美德之人那样思考、感受、行动才是艰难的。多数人不得不承认我们在大部分时间缺少道德的完美，我们逃避美德的要求的次数常常超过我们所承认的。然而在冷静的时刻，我们认识到美德所代表的事物，所代表的在它们里面所示例的良善，所代表的美德成就之后所带来的益处。在对公正和仁慈（charity）的阵阵嘲笑中，我们注意到那些抓住良善的事物和获得这些益处的人，然后给予他们应得的称赞。

然而，冷静的时刻稍纵即逝，阵阵嘲笑也会过去，然后困难攀升，

---

[27] 请回顾在民权运动的全盛时期，这些伎俩和姿态是如何被美国南方的宗教组织所运用，正是在马丁·路德·金有力的回应中才显出了这些伎俩和姿态怯懦的马脚。当然，马丁·路德·金的批判坚强有力的原因正是我们绝大多数的人轻易可想象的美德的腐败或看见勇敢与其表象之间的差别（一旦它们被仔细描述和区分，这些差别就会出现）。见马丁·路德·金April 16, 1963, "Letter from a Birmingham Jail" (1963)。

我们绝大多数人又重新避开这个或那个美德的要求，憎恶自己不能达到其标准的事实。**这种**憎恶是**每一个**美德面对的困难的一个寻常后果。请注意，这种憎恶不会否定它所憎恶的道德完美。不完美的人憎恶那些完美的人是因着将他们隔开的困难，而他们的憎恶见证了一个事实，即他们承认那种完美的权威和他们无法达标的事实。这种憎恶与针对宽容的憎恶并不相同。在宽容中，美德被贬低为一种伪装的恶行，而不是一种艰难的卓越品质。两种憎恶都紧随一般的美德的困难和不稳定性而来，但是宽容的不稳定性鼓励我们混淆此美德和其假象，即真正的宽容和穿着宽容外衣的恶习。美德寻常的不稳定性的这个后果将宽容与绝大多数的美德区分开来，正是这一混淆在很大程度上造成了对宽容这个美德本身的憎恶。毫无疑问，美德的假象常常会被误认为真正的美德。但是，至少就我所知，这个普遍的混淆很少来自困扰一般的美德的困难与不稳定性。而且一旦这种混淆真的借着与其他美德有关的另一些途径出现，就我所知，这不会减少我们对这些美德的尊重。请思考下勇气。正如亚里士多德所指出，勇气有许多的假象让我们常误以为它们是真正完美的勇气，但我们不会因为这种混淆而轻视勇气这个美德本身（*NE* 1116a17-1117a29）。实际上，如果真有什么，反面才是真实的。在我们的混淆中，我们把对勇气的敬意延伸至其假象。但宽容并非如此；真正明显的美德被混淆后，通常会产生对宽容这个美德本身的疑惑，也会憎恶宽容时常会得到的赞扬。再者，从寻常的混淆似乎很容易产生、仿造不同寻常的推论。

论点一般如下。作为一种美德，宽容关注那些在无法容忍的伤害性事物与无害的非令人反感之事物这两个极端之间的令人反感之事物。宽容的人知道哪些活动或事物落在这个范围中，并照各自应得的予以应对。正如所有美德之人，宽容之人在行事时也有习惯的持久性——带着轻松和愉悦之情，他们一方面定睛于他们希望达到的良善，另一方面也定睛在美德自身行动中的良善。但是，我们绝大多数人当然都缺乏完美的美德。对于会带来较小后果的令人反感之差异，我们会以宽容的方式予以应对，但是对那些要紧之事就会挣扎。若我们成功，那么也只因我们克制己身——只当我们压制了我们的愤怒并抑制了我们想要反对所鄙视之差异的渴望——我们大多数人都发现，这种自我克制的行为十分艰难，以致无法在绝大多数时间发挥作用。一个人无论以何种方式，如何既能鄙视又能忍受呢？所以，通常来说，我们不完美的宽容正如我们欠缺的勇气，崩溃成了一种邪恶的道德姿态。遇到那些宽容之人处理得当的困难——通过做出艰难的决定和忍受令人痛苦的差异——我们之中缺少美德之人抛弃了我们对一开始合理认为可憎之事物的反感，转而酝酿出其他一些态度——可能是冷漠，也可能是接受。请注意，酝酿的恶习是与美德相似之物，而不是缺少美德的行为。在绝大多数情况下，这种冷漠和接受的行为与宽容的行为如出一辙，但绝不是出于宽容的习惯与动机。他们逃避这个美德，而不是这种行为。

　　紧接着就是如今宽容与几个假象之间的普遍混淆，即真正的美德与穿着美德外衣的反面恶习的混淆。其他的美德也有能让道德平庸之人立足于美德之人当中的假象，但是甚少有人能在美德严苛的要求下，退化到一种能产生美德行为之假象的道德姿态。举例来说，勇气也有诸如无所畏惧的假象，在品格和行为上产生了美德的外表。但是不完美的勇气易于崩溃，沦为一种可怕的道德姿态，而这些姿态无法产生类似勇气所带来的行为。[28] 相比之下，不完美的宽容往往会在美德的困难下崩溃成为一种道德姿态。这种姿态能让那些无宽容美德之人如同宽容之人一样去行，至少在多数事情上如此。由于完美的宽容稀少而令人痛苦的差异众多，很多人假设宽容无非就是这些姿态，无非就是迅速消散为廉价接受的漫不经心的冷漠。确实，大多数宽容的批判者都急切假设宽容只是这种道德崩溃而已。当然，由于害怕道德崩溃，有些人不仅谴责宽容，还逃窜至宽容范围的**另一个**边界。这些人寻找一个方案来解决组织协会的问题，就是总是由异议和差异所造成的问题。但是，这些人无法像美德之人一样结合反对与忍耐，惊骇于常常被误认作宽容的心安理得的冷漠和可鄙的接受。这些人将无害的令人反感之事简化为危险的有害之事，并成为法律和秩序、

---

[28] 见Aristotle, *NE* 1116b25-1117a4。

强制和约束的倡导者。

这就是我们的命运：道德崩溃或严厉的家长作风。这些就是宽容给我们这些道德平庸之人（就是我们之中的绝大多数人！）所提供的选择。结果就是，我们无法抵挡与美德的困难相连的不稳定性。然而很多人坚信，这些恶习并非寻常不稳定性和弱点的后果，而是宽容本身必不可少的。毕竟，宽容最普遍产生的就是这些恶习，或者说很多人就是如此假设。于是，宽容必定是一个恶习，正如宽容所受的赞扬也要被憎恶，宽容的支持者们也要予以抵制。[29]

然而，建立在混淆、不能区分真正的宽容与其假象之上的憎恶当然无法证成。于是，真正需要的是对宽容这一美德更好的描述，一个可以帮助我们避免这个混淆的描述。有三点值得提出。第一，对宽容的每个描述包括对其范围的讨论。一方面对无关紧要和可以接受之事，另一方面对不可容忍且潜在强制性之事的讨论。这样说并不等于批判，而是一件平常真实之事。

第二，因为对宽容的每个描述肯定会带有对可宽容和不可宽容之事的具体判断，所以每个描述都得接受质疑，但不是质疑宽容本身，而是其实质、范围和极限。这是无法避免的。

第三，因为宽容是一种美德，所以解决这些质疑的最好办法就是陶冶和把握宽容行事的习惯。为什么？因为当人们对正确的行为和事物，在正确的情况下，用正确的程度接受、无视、忍受和克制时，我们说他们是宽容的。对这类具体事物的正确判断是宽容这个美德和其他任何道德美德的灵魂。但是这就意味着，仅仅因为宽容包括了这种判断，因为难以做出这些判断，或因为宽容设法解决的冲突和异议频繁地在我们就其内容、范围和极限的辩论和争议中重现，宽容本身不应被憎恶。

当然，有辩论就会有输赢。但是输家会哀叹他们的失败和所产生的宽容体制，而不是哀叹辩论后决定的事物，肯定也不是所辩论的宽

---

[29] 这种回应的例子一个来自右派，一个来自左派，见Conyers, *The Long March*; W. Brown, *Regulating Aversion: Tolerance in the Age of Identity and Empire* (Princeton: Princeton University Press, 2008)。

容这个美德。那些没有完全美德之人倾向于借着将属于令人反感却需宽容的事物置于不可忍受之有害事物中，躲避艰难的判断和痛苦的忍受；我们不能仅仅为此就去憎恶宽容。**要**哀叹的是我们的社会居然鼓励这种恶习，即这种宽容的腐化。我们对道德争辩趋于轻浮，并倾向借着将引起异议的事物缩减为不会引起异议的事物而扩散此争辩。这种策略并没有错，对策略本身来说亦然；但是这种策略确实给人一种印象，就是道德判断是可以避免的（即使当它不可避免之时），同时这也鼓励我们在难以判断、差异变大之时，可以求助这种策略。我们有时应该如此求助，有时不然。宽容之人会知道如何分辨这些时刻，但是因为我们之中绝大多数人都缺乏完美的美德，所以那些生活在我们社会、与我们相似之人就会被环境所驱动，每当困难或异议产生的时候，去诉诸这种策略。

这就是我们现在的生活方式。同时，我们也要记住这种动态越过宽容，达至公正，以及公正的源头和原则。虽然我们可能在某些情况下叹息这种动态，但是很少有人为**这种**美德哀叹。我们之中那些有寻常程度之公正（内置于我们灵魂）的人，确实会比我们应有的程度更频繁地躲避公正所面临的困难。我们将关于公正或不公正的判断缩减为对实用的权衡判断。我们回避对的事，忽略错的事。然而，没有人仅因道德不完善中公正的不稳定性就轻视公正。为什么我们要区别对待宽容呢？如果我们必须哀叹，那么我们应该先考虑我们当中少数人如何能如同宽容之人，回应给我们造成最大困难和最大痛苦的差异。同时，在未憎恶宽容这个美德本身的情况下，我们不能将此哀叹推至狂热的程度。我们可以抨击的是那些鼓励抱怨的哲学家们和那些引发憎恨的批判者，这仅仅因为他们忽略了宽容如何身处其他道德美德之中，和一般的美德如何身处各样的困难中。

当凯波尔考虑一般的美德和特殊的宽容美德时，他是否想到这些呢？没有！据我判断，他不是那种会花许多时间描绘这个或那个美德的精确细节的人——不论是宽容还是其他美德。同时，我认为不可否认的是，我们在凯波尔对普遍恩典的讨论中发现了因对人类生活的艰难和危险带来的改善效果而被称赞的美德。普遍恩典在其外在功用中阻止了死亡和混乱。它让被造物继续存在，让人类的繁荣成为可能，但是它没有让人类生活变得容易，并不保证人类的繁荣一定会到来。它既没有保护我们免遭丧失的悲痛，也没有为生活各个领域带来完美。这时美德就进来了；美德就是普通恩典内部功用的职员。正是在这方面，凯波尔坚称此生的磨炼就是美德之工的舞台，也是衡量它们价值的背景。关注这个背景之后——正如我在此篇文章中就宽容所论述的——很多妨碍我们理解美德的困惑就能清晰起来。有些困惑，甚至也许能得以解决。[30]

---

[30] 我关注了普遍恩典讨论中处理的道德美德与其所面对的困难之间的关系，但是我其实也可以继续讨论智性的美德（intellectual virtues）。因为凯波尔强调，在亚当被罪败坏之前，他对这个世界有即时的知识（immediate knowledge）。我们却不一样："对亚当来说，科学是即时的财富；对我们来说，科学却是一种只有通过思考的汗水，在艰难和费力的脑力劳动之后，才可以吃的面包。" Abraham Kuyper, "Common Grace in Science," in *Abraham Kuyper: A Centennial Reader*, ed. J. Bratt (Grand Rapids: Eerdmans, 1998), p.451.

第十章

凯波尔论伊斯兰教:一份总结和翻译

瑞马·德·弗莱斯 (Rimmer de Vries)

一

1905 年，凯波尔的抗革命党败选。于是，他卸任了荷兰首相一职。之后，他立即开始了在地中海沿岸规划周密的游学之旅。这次旅行历时九个月。结束之后，他将沿途所见所闻详尽记录于两卷本《古代地中海四境》（*Om de Oude Wereldzee*）。凯波尔在所行之处皆感受到伊斯兰教强有力的存在。这让他印象深刻，令他在许多文章和书中对此发表评论。他在《古代地中海四境》卷二中写了一篇特别的论文，题为 < 伊斯兰之谜 >（The Enigma of Islam）。此文特别关于他在中东和北非的旅行。这两个地方曾经辉煌强盛的基督教会只剩下断壁残垣，几乎不复存在。为何衰败来得如此迅速？基督教会在这些地区用了整整四个世纪才得以建立。相比之下，即使基督教是一个"更高级的宗教"（higher religion），在伊斯兰教于麦加如流星般出现之后，教会却在短短不到一个世纪内就全被抹掉了。本文以下论述与其说是直接翻译凯波尔的这篇论文，不如说是对它的总结。虽然删除了一些与当代不甚相关的材料，下文尽量采用了凯波尔自己的措辞。

二

在 < 伊斯兰之谜 > 中，凯波尔考察了多种有关基督教会随着伊斯兰教的出现在北非迅速衰败的解释。即便他认为默罕默德身上确实有创见和令人狂热的个性，但是他并未知道任何足以让人满意的解释。凯波尔首先讨论了伊斯兰教严谨的一神论。伊斯兰教与任何形式的多神主义决裂 [虽然默罕默德本人曾在人生中一段非常艰难的时期，向安拉（Allah）、欧扎（Ozza）、穆拉特（Murat）呼求，而后两者皆为偶像]。伊斯兰教带来了一股全新的驱动力和积极性。伊斯兰教不是其他几个宗教的混合物，默罕默德背后的灵性力量是他对安拉是唯一永在的神，是慈爱且可敬的哈乃斐（Haniffiya）之神的信念。一神论是一个强大的力量，能给大众带来新的积极性，尽管它要求有极大的勇气与各种形式的多神主义决裂。

然而，还有更深远的一面。默罕默德的宗教并不局限于内室，在信徒日常生活之外；相反，它影响整个生活，贯穿人的整个存留（human existence）、活动、社会和政府等。安拉的力量围绕所有事物，并且除了安拉就无可容的事物。世界就是安拉透过（过去、现在和将来）决定一切事物的律（law）和意旨（will）而设计和控制的一个钟表。安拉始终都在，而人类并非总能明白安拉的统治。正是这一点使得默罕默德的启示得以与其他一元论的启示有关联。伊斯兰教并非吸收其他宗教的一个汇总，而是通过如亚当、挪亚、闪、亚伯拉罕、摩西和耶稣等众多先知的持续启示进程的一部分；这些先知都是一神论的倡导者。在默罕默德之前最伟大的先知是耶稣，但是安拉的启示并没有止于耶稣，耶稣自己也说过在他之后将有另一位保惠师来到。随着默罕默德接受启示，启示的进程才算结束且完全了。所以，穆斯林信仰由两个宗旨构成：对安拉控制一切事物的认信，和安拉的启示借着默罕默德已经完全终结的认信。

启示的完全性（completeness）也意味着，所有信徒必须认识安拉对整个生命的意旨、律法与准则。这些里面蕴含着《古兰经》、《圣训》（Sunnah）中的《默罕默德言行录》（Hadith；传统）、作为穆斯林学者之民声（vox populi）的公议（ijma）、以及伊智提哈德（ijithad；借逻辑推演而得的教义）的重要性。任何事物都无需简单的人的支持。所有事物都必须由更高权柄管理。安拉必须掌控信徒的方方面面。结果就是，律法主义（nomism）如同酵一样渗透了伊斯兰教；为一定程度意志自由的奋斗只适用于道德责任。但是，整个生命都被安拉掌控的信念是伊斯兰教的关键，也赋予伊斯兰教团结和力量。向安拉尽忠和遵行他命令完全是一回事。

这是穆斯林骄傲的根源，也给了穆斯林实行圣战的负担。只有降服于安拉的人才是真正的人类，才值得安拉的保护。只有穆斯林应该掌管政府。如果鲜血可以为一些非必要的原因而流，那当然更要为安拉的荣誉而流。因为伊斯兰教有意成为一个世界性的宗教，而不是像犹太教在以色列一样仅仅是民族性宗教，所以发动圣战的要求就更加迫切。默罕默德的宗教是绝对的，是全世界的宗教，是唯一正当的宗教。它没有边界，所以战争在凡有抵抗之地皆可证成。因此，圣战是伊斯兰教一个不可或缺的因素，根植于其绝对一神论和律法主义形式。凯波尔举例《古兰经》九章5-6节："信徒要准备好随时作战。无论你在何地找到拜偶像者，就杀了他们。如果他接受伊斯兰教的必要法则，那么或许可以获释。"虽然各种不同学派后来缓和了这条严酷的命令，但是基本原则保持不变。哈乃斐学派（Hanafits）规定，只要某个地方正在进行圣战，其余信徒就免除了圣战的必要，但是原则从未被抛弃。抵挡安拉是最大的罪，必须受到惩罚。

如此严格的律法主义一神论有一个民主的特性，允许一些个人自由，因为在信徒与安拉之间并不存在权威——没有祭司身份——这个原则一直没有改变，即使后来出现了被称为哈里发（caliph）的伊斯兰教之领袖和被称为乌力马（Ulema）的势力。默罕默德说，所有的信徒都是同一把梳子上相同的梳齿。伊斯兰教依赖信徒们的认信。这就是为什么在穆斯林中有如此多的分支与宗派，甚至比基督徒中还要多。但即使如此，穆斯林们一致认为他们都是向安拉和先知默罕默德呼求的同一个身体。对安拉和先知默罕默德的认信是所有事物的关键。信徒们可能祷告不热心，不够慷慨，或者在其他方面没有达到《古兰经》和《圣训》的要求，但是有一件事是必须的：他们抵抗一切拒绝伊斯兰教的人。即便在哈里发辖地（caliphate）或谢里夫辖地（sherifate）存有差异，但一条强有力的纽带把全世界的信徒联系起来。这就是为什么默罕默德并不将哈里发辖地变成世袭制，或指定一个继任者。

然而，伊斯兰教的黑暗面是属灵深度的缺乏。它没有重生，没有对罪深深的忧虑，没有救赎性的满足。默罕默德确实是为婚姻和酒精的使用设立了规范，并且这些规范都与彼时阿拉伯社会中的不道德习俗相抵触。但这只是一个线性运动而已。默罕默德自己就违背了不超过四个妻子的规定，同时他从女奴隶中所得的妾们也降低了他的道德品格。穆斯林的家庭生活并不丰富，并且女人的角色与地位低下，离婚轻而易举。伊斯兰教在道德行为领域一直不断调节。因为默罕默德的话总是一锤定音，所以很难在道德行为上更上一层楼。伊斯兰教中

并不存在基督教中将人导向更好行为的归信经验。时不时会有人尝试
更为禁欲的道德行为，特别是穆斯林瓦哈比派（the Wahabites），但
是他们从未超越《可兰经》所阐述的准则和规范。伊斯兰教从未有从
基本道德原则衍生的伦理发展。基督教建立在三大支柱之上：信、望、
爱；或用有机词汇表述，就是重生、信心和成圣。伊斯兰则有五大支柱：
对安拉和他先知的信心、日常祷告、斋戒、慈善捐助和前往麦加朝圣。
这表明了支配穆斯林宗教的外在特征，同时对此生之后天堂的盼望也
显明了道德标准的同样缺失。虽然常有人尝试用寓言式的语言描绘对
天堂的期待，但是大多数穆斯林是按照字面来理解天堂。

　　在这贫瘠的伦理系统内的一些稍显圣洁之光来自神秘主义这一
方面，包括神秘主义中的苦修（ascetic）和狂喜（ecstatic）形式。这
些是律法条文主义宗教的本质元素，但是绝大多数都限制在小众群体
中。虽然神秘主义在德尔维什教团（dervish orders）和苏菲主义（Sufism）
中举足轻重，但面对广大信徒的《可兰经》几乎未讨论神秘主义。后
来，神秘主义激起了泛伊斯兰主义（pan-Islamism）；没有神秘主义
之光就没有泛伊斯兰运动的展开。因此，即使有人说《可兰经》从未
鼓励远在默罕默德之后的严格的苦修主义，但是毋庸置疑的是，伊斯
兰教一部分力量来自神秘主义。毕竟，伊斯兰教是一种闪米特人宗教
（Semitic religion），带有想要与神建立更亲近关系从而在天堂有立
足之地的神秘因素。然而，通常来讲，神秘主义并不能影响伦理标准
在社会中的应用。

　　假设伊斯兰教仍旧是中东地区，特别是沙特阿拉伯地区的地方性
宗教，那么它的快速发展可能被理解为它比那个区域盛行的其他宗
教更超越。不可思议之处在于，伊斯兰教在更广泛的区域快速发展；
在这些区域，基督教会更加强盛，并比伊斯兰教有更高形式的宗教
和文明的形式。伊斯兰教的一神论特点、对圣战和征服世界的命令、
以及阿拉伯人好战的精神与掠夺的欲望，都是需要考虑的因素。但
是这些因素都无法解释基督教会为何会迅速衰败，特别在北非地区。
至公元 7 世纪，遍地有强盛的基督教会，许多教会会议有五百甚至
更多的主教参加。诸如俄利根（Origen）、亚他那修（Athanasius）、

居普良（Cypian）、奥古斯丁（Augustine）和特土良（Tertullian）等重要的教会领袖，都曾在埃及和迦太基（Carthage）求学。历史上曾经有过残酷的逼迫，也有许多殉道者[比如著名的女殉道者佩培图亚（Perpetua）]。有宏伟的教堂和培养神职人员的学校。基督教会蓬勃发展，并扩展至苏丹和埃塞俄比亚。基督宗教不是流于表面，而是影响了民众的日常生活。然而除了科普特人和一些亚美尼亚人，以及马吉安派与希腊人，辉煌的拜占庭教会所剩无几。而这一切发生得如此突然，并未经历许多年代。只有了解教会当时的情形和伊斯兰教宣传的方式才能够解释个中原因。

教会最初透过安静的福音事工发展起来，所以非常健全。然而，基督教会很快就在在各种希腊和亚洲哲学盛行的广泛地区被接纳；这些哲学却要成为福音奥秘的师傅。教会在第 2 世纪就已经不得不与诺斯底派、幻影论者并之后的摩尼教派辩论。在东方，一种不满足感产生以混合主义的方式吞并每个新的宗教形式的倾向。当然，身份低微的基督徒的数量仍旧稳步增长，但是教会的领导权落在了将各种非基督教思想并入基督教思想的学者阶层。这样，教会领袖渐渐从基督教的根基上偏移，更多地在哲学教理系统中寻找信仰本质；这种哲学教理不仰望神圣的启示，而依赖空洞的学术辩证法。这令基督宗教的大厦建造在外邦哲学地基之上，主要聚焦于基督位格的激烈辩论发展起来，进而分裂教会。道成肉身的奥秘不再在信心中接受，而是借着各种哲学推理加以解释。教会被迫在一系列教会会议中介入这些辩论，为要抵挡亚流派，聂斯托利派，基督一性论派，基督一志论派。有时教会会使用武力。这导致教会分裂，破坏教会的合一；与此同时，由于传福音热情的丧失，教会也被削弱了。在拜占庭时期，学者们讨论有关基督的**教理**（dogma），但内心也感受到基督的**爱**。之后，基督和信徒们之间奥秘的联合慢慢地松散了。

除了哲学的较量、辩证式的分歧和拜占庭式的冷漠，还有第二股力量逐渐削弱了真正的基督教（real Christianity）。这股力量就是国家高于教会制度（caesaropapism）。随着君士坦丁大帝的归信，教会伏在了国家力量之下。这带来了教会的大大扩张，因为有许多人被迫、甚至在武力之下加入教会。异教信仰被禁止，各样的异教庙宇改建为教堂。然而，教会的内心被削弱了。人们穿上了基督徒的外袍，但内在毫无变化。此外，教会问题成了国家的问题，而且皇帝也卷入了教会的争论。诚然，教会大公会议仍保持独立，但是一旦会议完结，实际上是国家在执行会议决议。所以，教会的灵性境况恶化，成了政客、知识分子和有权势的教会圣职人员的一个工具。凯波尔在此特别提到了《启示录》中写给七教会的信；这些信件对此情况早已预警。

身处这种可怜光景的同时，出乎意料的伊斯兰教风暴突然而至，将教会吹得土崩瓦解。这当然是在我们的主的引导下发生。凡是相信祂是教会之主的人，必定视这些事是对教会不忠信的公正审判。基督宗教的得胜不是在东方教会，而是在西方教会。所以，凯波尔为在北非和亚洲彻底消失的基督教会而悲痛。土耳其和叙利亚以及其他地方基督徒余民实则已吸收了一些伊斯兰教的影响，而同样的事没有发生在穆斯林身上。伊斯兰教犹如蝗虫过境一般，把基督教会摧毁得一干二净。

伊斯兰教是如何做到的呢？首先，穆斯林杀死了很多异教徒和犹太人。要么接受伊斯兰教，要么面对死亡。很多放弃自己信仰的犹太人后来去帮助穆斯林攻击基督徒。但是伊斯兰教是如何征服基督徒的呢？当然他们也用武力威胁基督徒，但他们如何赢得基督徒的心呢？穆斯林对待基督徒的方式与对待异教徒与犹太人不同，因为他们认为基督徒也信安拉。同时，虽然基督徒有《旧约》和《新约》，但是他们没有《可兰经》。因此，穆斯林容忍基督徒，视他们为支持伊斯兰教的低阶层之人；只要基督徒认同伊斯兰更高的权威，他们就被赋予一定的敬拜自由。

这种特殊地位主导了这个地区穆斯林和其他人民的关系。既然安拉超越一切，穆斯林理当占据世界的领导地位，只有他们才有权在世上生存。伊斯兰教的领袖就是安拉的代表。公元 629 年（又有一说是公元 627 年），即希吉拉（Hijra）纪年 7 年（或 5 年）之后，默罕默德送信给周边国家的统治者，包括波斯王和在君士坦丁堡的罗马皇帝，要求他们归信伊斯兰教，并引导他们的国家和人民降服于麦加的先知。这些盖有"安拉的使者默罕默德"之印的信，让这些统治者们印象深刻。沙特阿拉伯的统治者同意了。埃塞俄比亚的统治者们给予了友善的回复。拜占庭在埃及的总督给了默罕默德两个科普特女人做妾。赫拉克勒斯王（Emperor Heraclites）也善待之。只有波斯王克斯拉二世（Chosroes II）一怒之下撕毁来信，并命令他的将军找到并抓住默罕默德。

从此事可见，虽然默罕默德最初仅控制了一小块阿拉伯地区，可他对周边权势的立场已昭然若揭。他清楚知道安拉对全世界的旨意。伊斯兰教用凌人的态度与所有人协商，要所有人降服其下。这意味着所有统治者不得不受制于伊斯兰教的权威，任何和平协议都是伊斯兰教给予的优待。非穆斯林生活靠着穆斯林的恩典而活。一个人只有三种选择：要么接受伊斯兰教、成为信徒，要么上缴称为吉兹亚（jizya）的人头税、成为顺民（dhimmi），要么就死于剑下。然而，即使是上缴人头税也是臣服的一种形式，其目的是在社会上压制、羞辱基督徒。

举个例子，奥马尔（Omar）占领耶路撒冷后，制定了投降协议：基督徒可以自由地在他们的教堂和礼拜堂中敬拜，条件是每位穆斯林在任何时刻、日夜都能参加；基督徒不能在街上公开敬拜；基督徒孩子不能读《可兰经》；基督徒不能向穆斯林传福音或阻止其他人成为穆斯林；在聚会期间，最佳座位必须留给穆斯林；基督徒不能打扮成穆斯林；基督徒不能写阿拉伯文字；他们不能起穆斯林名字；不能使用大的马鞍骑马；不能携带武器；不能留胡须；不能在建筑物上立十字架；不能敲教堂的钟；不能为死者举行哀悼仪式；不能有穆斯林奴隶；不能朝穆斯林住宅张望；不能朝穆斯林举起手。这些规定适用于父母和孩子，违令者会被处死。在埃及另有一些条例，比如基督徒颈上必须带重几磅的木质十字架，穿深色丑陋的衣服。所有这些规定都是要让基督徒认识到，穆斯林高人一等；在公众场合，只有穆斯林才是完整的人。

因此，基督徒被排除在社会生活之外。人头税很快就成了哈里发重要的财政来源。他不喜欢基督徒改信伊斯兰教，因为这意味着流失一部分金钱。这些人头税被用于建造耶路撒冷宏伟的清真寺。所有这些社会性羞辱导致众多基督徒改信伊斯兰教。

在最初一段时间,伊斯兰发展了极高的思想生活。近四百年之久,阿拉伯人掌控了科学事业。伊斯兰教统治整个生活,包括宗教、社会、政治、司法生活等。将所有知识纳入伊斯兰教系统和秩序的渴望越来越强烈。《可兰经》的原则必须应用在探究的所有方面。许多学校相继涌现,发展了各类解读。他们使用希腊哲学,吸引了当时最顶尖的学者们;与此同时,失去学校的基督徒们渐渐被孤立和边缘化。伊斯兰教总在清真寺旁建立学校。由于整个教育系统依赖记诵,反复教导所领受的观点而不是发展创造性思维,因此所有批判就被排除在外。当一个穆斯林遇到一个非穆斯林,他早已经知道自己要说的内容。最后,穆斯林指控基督徒侍奉两个神。穆斯林尊崇摩西胜于耶稣,对耶稣的理解更纯粹,没有这些教理细节。这是成功的宣传手段。

凯波尔详细探讨了开罗的爱资哈尔大学(Al-Azhar University)。它曾是当时最大的教育学机构,经历了一段衰败期之后,又成为了伊斯兰教灵性和科学探索的中心。爱资哈尔大学由法蒂玛王朝(Fatimids)的昭海尔(Kaid Djawhar)建立,学生人数最多时达到20000人。法蒂玛王朝的哈里发们原是什叶派(Shia)阿里(Ali)的追随者,与在巴格达的哈里发们相对立。巴格达学派认定法蒂玛王朝为异端,因此需要成立他们自己的学校。这就是开罗大学成立的原因。开罗大学借助高薪水与授予荣誉,吸引了阿拉伯地区最优秀的学者。两所学校之间之后形成了近两个世纪的论战,在开罗的爱资哈尔大学通常更胜一筹。撒拉哈丁(Salah-al-Din)或萨拉丁(Saladin)在占领埃及后结束了这场论战,恢复了巴格达哈里发们的权威,加入了逊尼派(Sunnis),但不希望疏远埃及的学者。所以他下令,沙斐仪学派(Shafites)可以继续留在学校,只要他们同意其他三所穆斯林逊尼学派[哈乃斐学派(Hannifites)、马立克学派(Malakites)、罕百里学派(Hanbalites)]加入这所大学的教师团队。每个人都有教导他所属派别神学与法律系统的充分自由。由此,爱资哈尔大学的声望越发高涨,成了所有穆斯林学习神学、法律、文学(literary scienc-

es）、科学、自然科学、数学和天文学的中心。之后，土耳其的入侵
使这段时期告一段落，因为土耳其人有其他的价值观。但是还有一个
因素：伊斯兰式学习（learning）的发展已达顶峰。伊斯兰的经院体
系已经完整，限制了伊斯兰教知识的发展，因而导致延续至今的高度
保守的特点。即使如此，这种保守的特点也助推了伊斯兰教的持久力。

凯波尔紧接着稍微详细地描述了他自己在爱资哈尔大学的个人
经历。因为天气总是晴好，所以通常在户外或庭院中开展教学。学生
能自由加入课堂，自由听讲，也可以穿插提问。通常由沙斐仪学派
成员出任校长，遵行法蒂玛传统。入学考试并非必须。任何人都能在
此上学，包括儿童和小女孩。最初教授阅读、写作和阿拉伯语语法，
之后会学习《可兰经》中一些简单经文。最后，他们会学习《可兰经》
注释书、修辞学、诗歌等。如果一个孩子 6 岁开始上学，整个学习时
间可长达 15 到 16 年。没有毕业考试，学生毕业之后被授予"教长"
（Sheik）头衔。

学校提供简单的食物，而水则由专门的搬水工送到学校。对有
需要的人，学校可以提供校服。宿舍是 40 个人同住的大房间，但是
每个人都有一块学习之角。学校到处都有安保人员维持秩序。教室内
一旦有人捣乱就会被快速惩罚。学生可以勤工俭学，有微薄的收入。
学生一年有三个月的假期。在此期间学生们回家，挣些额外的钱，也
传播伊斯兰教。事实上，宣教是他们一生都会无偿去做的事情。高级
教授为政府部门出谋划策。

凯波尔总结这一段内容时，再次指出伊斯兰教一直努力成为一股
世界性的力量。与之相反，耶稣强调神的国不属于这个世界。对于
穆斯林而言，这个世界就是**他的**世界。这样的认知给了他自尊之感，
也让他自认为是这个世界的贵族。这种理念对分裂的基督徒来说非常
有吸引力。再者，由于拜占庭国家教会常常严酷对待基督教其他宗派，
穆斯林有时被看作救星而受到欢迎。正如法国的新教徒支持 1789 年
的法国革命，因为法国革命让新教徒不再受罗马天主教的压迫，所以
被逼迫的基督教宗派欢迎阿拉伯人成为他们的解救者。同样，执政者
改变之后，宗教形式也跟着改变的现象并非不常见。因为伊斯兰教也

承认耶稣,所以这很容易让筋疲力尽的基督徒归信伊斯兰教。伊斯兰教的戒律和规矩易于遵守,因此让人愉快地摆脱了基督教教师的复杂辩论。然而,即使有如此多的考量,凯波尔对更高级的基督宗教如何在伊斯兰教的力量和宣传下如此快速消失仍感疑惑。

　　凯波尔接着讨论伊斯兰教在他那个年代的形势。那时的伊斯兰教虽有衰退,但也呈现出相当的韧性。思想和科学生活被禁锢,部分原因是伊斯兰教的观点已经被固化、冻结。逊尼派并特别是哈乃斐派,已宣布他们的正统思想的系统已经"完整",且沉浸于维护传统而非在思想上更进一步。也曾有"年轻的土耳其人"和"年轻的埃及人"尝试将宗教与国家分离,建立与西方一样的政府,但都以失败告终。广大民众依旧秉持传统,不费多少力气就能掀起他们新一轮的狂热信仰。由于内部争执,伊斯兰教作为一股世界性力量的影响已经式微。土耳其曾一度恢复了伊斯兰教的统一,让很多地区都臣服于土耳其的统治。然而,在 1571 年的勒班陀战役(the battle of Lepanto)之后,这股统一的力量开始瓦解。特拉法加战役(the battle of Trafalgar)让英国人成了地中海的主人。此外,由于穆斯林更是战士而非执政者,政府部门财政、外交、行政方面有影响力的职位都落于科普特人、亚美尼亚人和希腊人之手。尽管如此,穆斯林信仰在民众中依旧维持。在 1900 年前后,大约有二亿四千五百万穆斯林,占世界人口的15%。在这人群中,亚洲有一亿四千五百万穆斯林,非洲有五千万,欧洲有一千两百万,印度尼西亚有三千万。

　　凯波尔还较详细地讨论了一些有穆斯林的国家。波斯是逊尼派和什叶派混合的国家中最为独立的。它维持君主体制,拒绝哈里发的管理。波斯穆斯林向阿里尽忠,认为阿里是神格的化身。阿富汗也有逊尼派和什叶派。伊斯兰教在印度的增长减少了印度教信徒的数量。印度的种姓制度苦待穷人,所以穷人视伊斯兰教如拯救者一般。印度的穆斯林以土耳其的苏尔坦(sultan)为精神领袖。他们是正统的,在文化事务方面超过印度教信徒。英国政府越来越听从穆斯林。中国穆斯林群体的历史很有趣。一群阿拉伯人曾帮助当政王朝维持统治;从那时起,中国皇帝就善待穆斯林,给他们一些权力职位。所以即使穆斯林只占中国人口的二十分之一，他们的力量也不可小觑。

土耳其仍旧是主要的伊斯兰力量，部分是因为苏尔坦的哈里发统治（caliphate），部分是因为它是一个独立国家，也有部分原因是其强大的军队。土耳其构成了最初伊斯兰的世界性力量的历史延续。全世界的清真寺都会为土耳其的苏尔坦祷告。从大马士革到麦地那（Medina）铁路系统的建设将帮助土耳其人控制阿拉伯及其周边地区。

所以，伊斯兰教在精神上强盛。虽然伊斯兰教作为政治力量很弱，只有四分之一的信徒（一千八百万）生活在一个主权独立的穆斯林政府——土耳其。穆斯林认为统治非信徒是其呼召和特权，而他们不被允许臣服于其他权柄。当他们确被他人统治时，穆斯林只能认命，外在屈服，但是他们的内在灵魂仍会一直反抗，盼着他们自己的穆斯林政府复辟而带来救赎与革新。然而，土耳其军队没有力量达成此种复辟。

出于这种绝望无助之感，混杂着内在宗教的韧性与外在力量的缺失，泛伊斯兰主义（pan-Islamism）诞生了。伊斯兰教政治上分散，但在精神上仍旧统一，因为什叶派在数量上占少数。甚至四个学派的争论也因着哈乃斐学派的胜利而结束。所以，仍有固定的敬拜形式，但这需要复兴。最初，穆夫提们（muftis）和乌力马们（ulemas）反对这场运动，[1] 因为他们欲主张在清真寺里的公开敬拜超越深层宗教经验的驱动力。他们并不希望看到修道院的兴起高过清真寺。凯波尔提到荷兰在被法国占领结束后也有类似反应。那时，官方建立的教会强烈抵制非法教会和类似团体的出现。但是最终，苏尔坦让步并祝福了这场改革运动，不然伊斯兰教的领袖就可能变成麦加的谢里夫了。

泛伊斯兰主义是一场宗教运动，不是民族国家运动。这场运动旨在三件事：（1）在伊斯兰教的半月标志下促进团结；（2）将所有外来成分从穆斯林信仰中剔除或者净化；（3）复兴僵化的信仰。教长

---

[1] 中注：穆夫提为伊斯兰教的教职称谓，有权颁布教令，解释说明教法，属于伊斯兰教最高宗教法官。乌力马为伊斯兰教学者的总称，也泛指伊斯兰教中所有知识分子。

派宣教士去非洲和亚洲复兴民众的信仰。虽然欧洲国家的威胁是这场复兴的强烈的诱因和动机,但是这次运动在政治上的最终目标是带领所有穆斯林归在哈里发之下。主要的目标是信仰的净化,让忠心的信徒做好殉教的准备。泛伊斯兰主义运动证明十分成功,殖民国家变得越来越谨慎,不敢冒犯如苏丹和埃及等国家的穆斯林。

　　但是,军事上的优越并不能转化为灵性力量。军事优势既不能破坏灵性上的阻力,也不能强化灵性。甚至对西方文明的高级文化能抑制穆斯林文化的盼望也是空想。穆斯林懂得如何从西方技术和政府结构中获益,但是信徒们的心无动于衷。支持默罕默德、反对耶稣的口号依旧。凯波尔提到了一个现代穆斯林妇女,她表示要砍了所有基督教宣教士的头。还有一位重要人士说,每次经过英国哨岗,他都要忍住杀人的冲动。因此,我们能在经济上帮助建设穆斯林国家,但是当西方人离开,穆斯林则会庆幸他们终于离开了。

　　只有一种办法可以收获他们的心和忠诚,那就是让他们改信基督教,但这希望渺茫。基督教宣教团体在苏尔坦土地上一直都很活跃,却一直面对巨大的阻力。首先是法国宣教团体,然后是意大利和希腊宣教团体,现在则是来自英国和美国的宣教团体,都在亚洲的土耳其步履艰难地前行,但是收获甚微,主要是先前基督徒团体余民的复兴。宣教团体能吸引人去他们的学校和医院,但未触及他们的心。荷兰人在印度尼西亚也遇到相同的情况。有人会自欺欺人地希望看到大批穆斯林归信基督教。对于穆斯林来说,归信基督教等于降至低一级的宗教。伊斯兰教取代了基督教,拥有更高一级的启示。归信基督教等同叛国,整个社区都会给归信者施加压力,让他改变心意。此外,基督教宣教士们也带来了让东方人不舒服的西方方式。

　　这些基督教宣教团体几乎是在石头上耕耘,同时伊斯兰教一直在非洲和印度大步前进。伊斯兰信仰简单易懂,易采用,让人陶醉且有吸引力。即使如此,虽然宣礼塔(minarets)天天称安拉为仁慈的神,恳求他的怜悯,却缺乏对罪深切的理解与领悟,也缺乏因着罪要与神和解的渴望。安拉是一个强大的统治者,善待其臣仆。伊斯兰教并不知道一位在天上的父,用一个"与神和好"的祷告吸引祂的儿女。

安拉等同力量，却缺少通过救赎才能实现的圣洁。伊斯兰教、甚至安拉都缺乏神圣之爱的理想。

　　总而言之，伊斯兰教站在达到一个更高层次文化的道路上。毋庸置疑，伊斯兰教文化比异教信仰更高级。从 7 世纪到 13 世纪，伊斯兰教发展到了一个极高的层次，但从此之后就停滞于一种中等的文化形式。伊斯兰教也是一种男人的宗教，将女人排除在外。在法国你能见到只有女人的基督教教堂；在伊斯兰教，女人在敬拜仪式中难有任何角色。女人能够为国家的社会生活和文化发展至更高层次所做的贡献，在伊斯兰教中都被排除在外。凯波尔引用了一些女作家的观点；这些女作家对女性待遇，包括伊斯兰教女眷居室（harems）内的女性待遇都有研究。她们总结说，在很多情况下，伊斯兰教的男人们表现得像一群动物，到了完全无法容忍的地步。女性参与的缺失让伊斯兰教缺少了女性所带给基督教的柔软和温情。

　　另一方面，穆斯林对陌生人热情友善，对穷人乐善好施。凯波尔引用了坦尼（Tenney）的新书《社会进步的反差》（*Contrasts of Social Progress*）。坦尼在书中指出，君士坦丁堡穆斯林的慷慨程度远超伦敦人的慈善水平十倍。穆斯林在商业交易中诚实守信，相比希腊人、亚美尼亚人和亚洲犹太人更受欢迎。穆斯林被允许犯一点道德错误，因为《可兰经》的苏拉（sura）一章涵盖了一切小罪。

　　故此，虽然伊斯兰教的政治力量已被打破，其灵性状况仍旧健康，甚至已获得生命力。对于一场能引起大屠杀的圣战的呼召不能将伊斯兰教建立为政治方面的世界力量，但它统治世界的渴望依旧不变。伊斯兰的半月标志远未衰败，其数量更是不可忽视。在哈里发统治下的基督徒成了穆斯林，但生活在基督教国家的穆斯林对先知默罕默德保持忠信。

1907 年 12 月 24 日

参考书目 *

凯波尔著作

Kuyper, Abraham. *Ons Instinctieve Leven*. Amsterdam: W. Kirchner, 1908.

———. "Calvinism: Source and Stronghold of Our Constitutional Liberties." In *Abraham Kuyper: A Centennial Reader*, edited by James D. Bratt. 279-322. Grand Rapids: Eerdmans, 1998.

———. "Common Grace." Translated by J. Vriend. In *Abraham Kuyper: A Centennial Reader*, edited by *James D. Bratt, pp. 165–201*. Grand Rapids: Eerdmans, 1998.

———. "Common Grace in Science." In *Abraham Kuyper: A Centennial Reader*, edited by J. Bratt. 441–460. Grand Rapids: Eerdmans, 1998.

———. *De Leer Der Verbonden*. Vol. 5, Uit Het Woord. 6 vols. Stichtelijke Bijbelstudiën. Kampen: Kok, 1909.

———. *Is Er Aan De Publiek Universiteit Ten Onzent Plaats Voor Een Faculteit Der Theologie?* Amsterdam: J. A. Wormser, 1890.

———. *Kerkvisitatie Te Utrecht in 1868 Met Het Oog Op Den Kritieken Toestand Onzer Kerk*. Utrecht: J. H. van Peursem, 1868.

———. *Lectures on Calvinism*. Grand Rapids: Eerdmans, 1931/1961; New York: Cosimo Classics, 2007.

———. "Male and Female Created He Them." In *When Thou Sittest in Thy House: Meditations on Home Life*. Wyoming, Mich.: Credo, 2004.

———. "Maranatha." Translated by J. Vriend. In *Abraham Kuyper: A Centennial Reader*, edited by *James D. Bratt. 205–229*. Grand Rapids: Eerdmans.

---

*中注：本书英文版并无参考书目，中译本现予以补充。

————. *Ons program*. Amsterdam: J. H. Kruyt, 1880.

————. *Parlementaire redevoeringen, IV*. Amsterdam: n.d.

————. *Souvereiniteit in Eigen Kring*. Amsterdam: J. H. Kruy, 1880.

————. "Sphere Sovereignty." In *Abraham Kuyper: A Centennial Reader*, edited by James D. Bratt. 461-490. Grand Rapids: Eerdmans, 1998.

————. *"Strikt Genomen." Het Recht Tot Universiteitstichting Staatsrechtelijk En Historisch Getoetst*. Amsterdam: J. H. Kruyt, 1880.

————. *The Problem of Poverty*. Edited by J. Skillen. Grand Rapids: Baker, 1991.

————. *Tractaat van de reformatie der kerken (...)*. Amsterdam: Höveker & Zoon, 1883.

凯波尔二次文献

Anderson, Clifford Blake. "Jesus and the 'Christian World View': A Comparative Analysis of Abraham Kuyper and Karl Barth." *Cultural Encounters* 2, no. 2 (2006): 61–80.

Harinck, George. *Waar komt het VU-kabinet vandaan? Over de traditie van het neocalvinisme*. Amstelveen: EON pers, 2007.

Heslam, P. S. *Creating a Christian Worldview: Abraham Kuyper's Lectures on Calvinism*. Grand Rapids: Eerdmans, 1998.

Hittinger, Russell. "Social Pluralism and Subsidiarity in Catholic Social Doctrine." In *Christianity and Civil Society: Catholic and Neo-Calvinist Perspectives*, edited by Jeanne Heffernan Schindler. 11-29. Lanham, Md.: Lexington, 2008.

Mathonnet-VanderWell, Steve. "Reformed Intramurals: What Neo-Calvinists Get Wrong." *Perspectives* 23, no. 2 (2008): 12–16.

Stellingwerff, Johannes. *Dr. Abraham Kuyper En De Vrije Universiteit*. Kampen: Kok, 1987.

Skillen, James W. 2003. "Abraham Kuyper and Gay Rights." *Perspectives: A*

Journal of Reformed Thought 18, no. 4.

Vree, Jasper. *Abraham Kuyper als Amsterdams predikant (1870–1874)*. Amsterdam: HDC, 2000.

Wolterstorff, Nicholas. "Abraham Kuyper's Model of a Democratic Polity for Societies of a Religiously Diverse Citizenry." In *Kuyper Reconsidered: Aspects of His Life and Work*. VU Studies on Protestant History 3. Edited by Cornelis van der Kooi and Jan de Bruijn. 190-205. Amsterdam: VU Uitgeverij, 1999.

————. "In Reply (to Steve Mathonnet-VanderWell, 'Reformed Intramurals: What Neo-Calvinists Get Wrong')." *Perspectives: A Journal of Reformed Thought* 23, no.2 (2008).

其他文献

Aalders, Maarten. *125 Jaar Faculteit Der Godgeleerdheid Aan De Vrije Universiteit*. Meinema: Zoetemeer, 2005.

Albeda, Wil. *Ik en de verzorgingsstaat. Herinneringen van Wil Albeda*. Amsterdam: Boom, 2004.

Anema, A., and H. Bavinck. *Leider en leiding in de Antirevolutionaire Partij*. Amsterdam: Ten Have, 1915.

Aquinas, Thomas. *Summa Theologica*. Translated by Fathers of the English Dominican Province. Rev. ed. New York: Benzinger Brothers, 1948.

Aristotle. *Nicomachean Ethics*. Translated by T. H. Irwin. 2nd ed. Indianapolis: Hackett, 2000.

————. *The Complete Works of Aristotle: The Revised Oxford Translation*. Edited by J. Barnes. Princeton: Princeton University Press, 1984.

Augustijn, Cornelis. "Kerk En Godsdienst 1870–1890." In *De Doleantie Van 1886 En Haar Geschiedenis*, edited by Wim Bakker. 41–75. Kampen: Kok, 1986.

Augustine. *City of God: Against the Pagans*. Translated by R. W. Dyson. Cambridge: Cambridge University Press, 1998.

Bawer, B. 2005. "Tolerance or Death." Reasononline, November 30. http://www.reason.com/news/show/33002.html.

Bornebroek, A. H. Eudokia. *Honderd jaar ziekenzorg als opdracht*. N.p., 1989.

Bratt, James D. *Dutch Calvinism in Modern America*. Grand Rapids: Eerdmans, 1984.

Brown, W. *Regulating Aversion: Tolerance in the Age of Identity and Empire*. Princeton: Princeton University Press, 2008.

Budziszewski, J. *True Tolerance: Liberalism and the Necessity of Judgment*. Piscataway, N.J.: Transaction, 1992.

Buruma, I. *Murder in Amsterdam: Liberal Europe, Islam, and the Limits of Tolerance*. New York: Penguin, 2006.

Calvez, Jean-Yves, and Jacques Perrin. *The Church and Social Justice*. Chicago: Henry Regnery, 1961.

Casanova, José. *Public Religions in the Modern World*. Chicago: University of Chicago Press, 1994.

Chadwick, Owen. *The Secularization of the European Mind. Gifford Lectures in the University of Edinburgh for 1973–74*. Cambridge: Cambridge University Press, 1975.

Chaplin, J. "Public Justice as a Critical Political Norm." *Philosophia Reformata* 72, no. 2 (2007): 130–150.

Clouser, Roy. *The Myth of Neutrality*. Rev. ed. Notre Dame, Ind.: University of Notre Dame Press, 2005.

Conyers, A. J. *The Long March: How Toleration Made the World Safe for Power and Profit*. Dallas: Spence, 2001.

De Haan, Ido. *Het beginsel van leven en wisdom. De constitutie van de Nederlandse politiek in de negentiende eeuw*. Amsterdam: Wereldbibliotheek, 2003.

Dekker, G. *De stille revolutie. De ontwikkeling van de Gereformeerde Kerken in Nederland tussen 1950 en 1990.* Kampen: Kok, 1992.

De Savornin Lohman, A. F. *Onze constitutie.* Utrecht: Kemink, 1901.

Dooyeweerd, Herman. *A New Critique of Theoretical Thought.* Vol. 3. Philadelphia: Presbyterian and Reformed, 1945–48.

Eberly, Don E., ed. *The Essential Civil Society Reader: The Classic Essays.* Lanham, Md.: Rowman and Littlefield, 2000.

Elshtain, J. B. *Democracy on Trial.* Boston: Basic Books, 1995.

Fletcher, G. "The Instability of Tolerance." In *Toleration: An Elusive Virtue,* edited by D. Heyd. 158–172. Princeton: Princeton University Press, 1996.

Fukuyama, Francis. *The End of History and the Last Man.* New York: Free Press, 1992.

Gellner, Ernest. *Conditions of Liberty: Civil Society and Its Rivals.* New York: Penguin, 1994.

———. "The Importance of Being Modular." In *Civil Society: Theory, History, Comparison,* edited by John A. Hall. London: Polity Press, 1995.

Graham, Gordon. *The Case against the Democratic State.* Exeter: Imprint Academic, 2002.

Habermas, Jürgen. "The Public Sphere." In *Contemporary Political Philosophy.* Edited by Robert E. Goodin and Philip Pettit. Oxford: Blackwell, 1997.

Hall, John. "In Search of Civil Society." In *Civil Society: Theory, History, Comparison,* edited by John A. Hall. London: Polity Press, 1995.

Harinck, George ed. *Diakonie in verleden en heden.* Barneveld: De Vuurbaak, 1992.

——— and Lodewijk Winkeler. "De Negentiende Eeuw." In *Handboek Nederlandse Kerkgeschiedenis,* edited by Herman J. Selderhuis. 597–721. Kampen: Kok, 2006.

————, Roel Kuiper, and Peter Bak, eds. 2001. *De Antirevolutionaire Partij, 1829–1980*. Hilversum: Verloren.

————, van der Kooi, and J. Vree, eds. *"Als Bavinck nu maar eens kleur bekende." Aantekeningen van H. Bavinck (...) (november 1919)*. Amsterdam: VU Uitgeverij, 1994.

Horton, J., and S. Mendus. *After MacIntyre: Critical Perspectives on the Work of Alasdair MacIntyre*. Notre Dame, Ind.: University of Notre Dame Press, 1994.

Hume, David. "Of the Original Contract." In *Essays Moral, Political, and Literary*. Oxford: Oxford University Press, 1741–2/1963.

Kennedy, James. *Nieuw Babylon in aanbouw. Nederland in de jaren zestig*. Amsterdam: Boom, 1995.

King, M. L., Jr. *Why We Can't Wait*. San Francisco: Harper and Row, 1963.

Kuiper, Dirk Th. *De Voormannen: een social-wetenschappelijke studie*. Meppel: Boom, 1972.

Langeveld, Herman. *Dit leven van krachtig handelen. Hendrikus Colijn, deel een 1869–1944*. Amsterdam: Balans, 1998.

Locke, J. *A Letter concerning Toleration*. Indianapolis: Hackett, 1983.

————. *Two Treatises of Government*. Edited by Peter Laslett. Cambridge: Cambridge University Press, 1690/1960.

MacKinnon, K. *Toward a Feminist Theory of the State*. Cambridge: Harvard University Press, 1989.

McLeod, Hugh. *Secularization in Western Europe, 1848–1914*. New York: St. Martin's Press, 2000.

Messner, Johannes. *Social Ethics*. St. Louis and London: B. Herder, 1949.

Mikkers, Tom. "Ongelovig en onkerkelijk tussen 1920 en 1940. Reacties op een vergeten uittocht." In *Tussen Augustinus en atheisme. Kerkhistorische studies 2006*, edited by Tom Mikkers and Ineke Smit. 164–174. Leiden: Faculteit der Godgeleerdheid, 2006.

Mouw, R., and S. Griffioen. *Pluralisms and Horizons*. Grand Rapids:

Eerdmans, 1993.

Nozick, Robert. *Anarchy, State, and Utopia*. Oxford: Blackwell, 1974.

Pakaluk, Michael. "Natural Law and Civil Society." In *Alternative Conceptions of Civil Society, edited by Simone Chambers and Will Kymlicka*. 131-150. Princeton: Princeton University Press, 2002.

Rawls, John. *A Theory of Justice*. Oxford and New York: Oxford University Press, 1972.

―――. *Political Liberalism*. New York: Columbia University Press, 1993.

Rousseau, J. J. *The Social Contract*. Translated by Maurice Cranston. Harmondsworth: Penguin, 1968.

Sommerville, C. John. "Secular Society/Religious Population: Our Tacit Rules for Using the Term 'Secularization.'" *Journal for the Scientific Study of Religion* 37 (1998): 249–53.

Taylor, C. "Cross Purposes: The Liberal-Communitarian Debate." In *Philosophical Argument*. Cambridge: Harvard University Press, 1995.

Schutte, G. J. *De Vrije Universiteit en Zuid-Afrika 1880–2005*. Zoetermeer: Boekencentrum, 2005.

Selderhuis, Herman J., ed. *Handboek Nederlandse Kerkgeschiedenis*. Kampen: Kok, 2006.

Smit, Herman. *Gezag is gezag ... Kanttekeningen bij de houding van de gereformeerden in de Indonesische kwestie*. Hilversum: Verloren, 2006.

Steyn, M. "It's the Demography, Stupid." *New Criterion* 24, no. 5 (2006): 10–19.

Stout, Harry S. "The Puritans and Edwards." In *Jonathan Edwards and the American Experience*, edited by Nathan O. Hatch and Harry S. Stout. 142–59. New York: Oxford University Press, 1988.

Vallance, Edward. *Revolutionary England and the National Covenant: State Oaths, Protestantism, and the Political Nation, 1553–1682*. Woodbridge: Boydell, 2005.

Van den Berg, Jan-Jaap. *Deining. Koers en karakter van de ARP ter discussie,*

1956–1970. Kampen: Kok, 1999.

Van Eijnatten, Joris, and Fred van Lieburg. *Nederlandse Religiegeschiedienis.* Hilversum: Verloren, 2005.

Van Geest, Fred. "Homosexuality and Public Policy: A Challenge for Sphere Sovereignty." *Perspectives: A Journal of Reformed Thought* 17, no. 10 (2002).

———. "Author's Response." *Perspectives: A Journal of Reformed Thought* 18, no. 4 (2003).

Werkman, Paul E. *"Laat uw doel hervorming zijn!" Facetten van de geschiedenis van het Christelijk Nationaal Vakverbond in Nederland (1909–1959).* Hilversum: Verloren, 2007.

Wolterstorff, Nicholas. *Until Justice and Peace Embrace.* Grand Rapids: Eerdmans, 1984.

Zijlstra, Jelle. *Per slot van rekening. Memoires.* Amsterdam and Antwerp: Contact, 1992.

CPSIA information can be obtained
at www.ICGtesting.com
Printed in the USA
JSHW040256031120
9257JS00002B/12